포크아트 이야기 I

(기초편)

한미경 & 이정아 지음

Foreword

한 여인이 꿈에 시장엘 갔습니다.

새로 문을 연듯한 가게로 들어갔는데 가게 주인은 다름아닌 하얀 날개를 단 천사였습니다.

여인이 이 가게엔 무엇을 파는지 묻자 천사가 대답했습니다.

"당신의 가슴이 원하는 무엇이든 팝니다."

그 대답에 너무 놀란 여인은 생각 끝에 인간이 원할 수 있는 최고의 것을 사기로 결심하고 말했습니다.

"마음의 평화와 사랑, 지혜와 행복, 그리고 두려움과 슬픔으로부터의 자유를 주세요"

그 말을 들은 천사가 미소를 지으며 말했습니다.

"부인 죄송합니다. 가게를 잘못 찾으신 것 같군요."

"이 가게엔 열매는 팔지 않습니다.

단지 씨앗만을 팔 뿐이죠."…

포크아트라는 한 길로 들어선지 10여년이 훌쩍 넘어섰습니다. 그 사이 제가 건넨 씨앗을 많은 제자들이 건네 받았고, 이제 더 많은 포크아티스트들이 저와 함께 씨앗을 건네고 있습니다.

이 책은 더 많은 분들이 포크아트라는 '희망과 아름다움의 열매' 를 맺으시길 바라는 '마음의 씨앗' 입니다.

제가 포크아트를 통해 희망과 행복을 발견했듯, 여러분들도 각자 마음속에 켜켜히 쌓인 먼지를 털고 다시 희망과 행복을 찾으시길 기원합니다.

크게 되기 위해서는 먼저 작게 시작해야 할 때가 있음을 기억하시고 힘들지만 오늘도 희망을 찾으시는 분들께 이 부족한 책이 조금이나마 도움이 되길 바랍니다.

2007년 3월

한미경

Foreword

Black Base의 마법 같은 후광으로부터 현란한 색조를 뿜어내는 Zhostov 장미, 은은한 파스텔풍의 Rosemalling에 반해 붓을 잡기 시작 한 후 많은 시간이 흘렀습니다.

TV 프로그램 및 잡지 등 광고 매체를 통해 포크아트가 보다 많은 사람들 에게 알려지면서 그 관심이 날이 갈수록 높아 가고 있습니다.

고도 산업화 사회, 정보화 사회의 각박한 삶 속에서 잃어버린 여유와 감성을 되찾고 싶어 하는 사람들이 많아지는 것은 당연하다 할 수 있겠습니다. 보다 고무적인 것은 포크아트에 관심을 갖는 연령층과 그 목적이 다양해 졌다는 것입니다.

그러나 누구나 이해하기 쉽고 체계적인 포크아트 교재는 찾아보기 힘들었습니다. 대부분이 미국 혹은 일본 책이고 세계 최고의 감각과 손재주를 갖고 있는 우리나라 사람을 위한 교재는 거의 없는 것 같습니다.

『유지경성(有志竟成)』… "뜻이 있어 이루고자하는 사람은 반드시 성공한다"는 성어를 교훈삼아 포크아트를 사랑하는 사람들을 위한 교재 『포크아트 이야기』를 정성으로 만들었습니다.

좋은 교재가 되게 하기 위해서는 일반인 들이 보다 쉽게 익힐 수 있도록 작품제작과정의 단계별 사진과 쉬운 설명이 필수적인 요소라 생각하고 필자의 포크아트 초년생 시절로 돌아가 그 당시 이해하기 어려웠던 부분들과 그동안 강의 해오며 경험한 강의 메모들을 활용 하였습니다.

이 책은 포크아트를 시작하려는 분 또는 이미 입문한 분 들이 보다 쉽게 포크아트를 이해하고 이 책을 토대로 더욱 아름다운 창작활동을 할 수 있도록 돕기 위해 엮어낸 책이라고 할 수 있습니다.

포크아트에 입문하여 10년 넘게 작품을 만들고 강의해 오는 동안 저의 오랜 소망이었고 그 소망을 이제야 이루게 되었다는 데 더할 수 없는 기쁨을 느낍니다.

특히, 저의 스승이자 우리나라 포크아트계의 거장이라 할 수 있는 한미경 선생님과 함께 집필하게 되어 그 기쁨이 배가되었습니다.

부족한 점은 계속 수정, 보완 하겠다는 약속을 드리며, 포크아트를 사랑하는 모든 분들께 『유지경성(有志竟成)』하시기를 바랍니다.

2007년 3월

이정아

목차

Folk Art란?

1. 정의

Folk Art의 사전적 정의는 민중예술, 민예로 되어 있으며 광의의 해석으로는 인류문명의 기원과 함께 탄생하고 발전해 온 인류예술이라 할 수 있다.

선사시대 동굴 벽화로부터 초기 기독교인들이 박해를 피하기 위한 피난처인 고대 로마의 Catacomb내 벽과 천정에 그려진 Fresco 화, 중세유럽의 겨울철 비수기 및 농한기에 운하사업 선원들과 농민들에 의한 선체 내, 외부와 실내 장식화 및 가구 장식화, 산업혁명 이후에도 상업미술과 접목되어 계속되는 장식미술까지 이어지는 Folk Art는 인간의 생활 환경을 아름답게 꾸미고자 하는 기본 욕구에서 비롯된 예술이며 이는 지구촌 전역에서 시공간을 초월하여 계속되어 오고 있다.

| 선사시시대 동굴 벽화 |

기원전 8천년 우아한 자세로 곡물을 채집하는 모습

| Catacomb 지하묘실 |

수많은 벽화가 있어 초기 기독교의 모습을 전하고 있다

협의의 해석으로는 17,18세기 유럽 전역에서 각 민족별 문화와 정서에 따라 독특하게 발전된 고유의 화법으로 튤립, 장미, 데이지, 물망초등 꽃과 과일, 새 등을 주제로 하여 가구, 쟁반, 화병 등 각종 생활용품 등에 그림을 그리는 예술이라 할 수 있다.

| 독일 바우에른 말레라이 |

그러나 이러한 해석은 섬세한 예술작품에 대한 창조적 욕망과 물감, 붓, 색조와 Shading을 사랑하며 오늘도 열정적으로 작품활동에 몰입하고 있는 많은 Folk Artist들 에게는 지극히 한정적이고 궁핍한 해석이 될 것이다.

현대의 Folk Art 문화와 산업을 주도 하는 미국에서의 Folk Art에 대한 정의는 다양하고 독특한 고유의 화법이 각 민족 별로 구분되는 것에 치중하여 해석함으로써 민족예술 혹은 원시예술 (Tribal Art or Primitive Art)로 표현하고 있다. 반면 유럽에서 Folk Artist들에 의해 사랑 받는 정의는 "the art of people" 즉, 인류예술, 대중예술, 인본예술로 표현하고 있다. 어떠한 정의를 애호할지는 Folk Art를 사랑하고 발전하길 바라는 독자들에게 맡긴다.

2. Folk Art의 기원과 역사

Folk Art를 협의의 해석대로 유럽식 장식미술로 제한할 경우와 광의의 해석대로 인류예술로 정의할 경우 그 각각의 Folk Art 에 대한 기원과 역사를 설명하기에는 규모면에 있어 엄청난 차이가 있으며 역사적 고증이 뒤따라야 할 것이다. Folk Art를 인류예술의 차원으로 그 기원과 역사를 접근하는 것은 엄청난 시간과 노력이 필요하므로 본 서에서는 유럽의 장식미술을 중심으로 독자들에게 지루함을 주지 않을 정도로만 접하고 지나간다. 유럽식 장식미술로써의 Folk Art 에 대한 기원도 동굴벽화로 거슬러 올라가며, 역시 인간의 기본적 욕구인 생활환경에 대한 장식 또는 사냥에 대한 주술적인 성격으로써 시작되었을 것이다. Folk Art의 문명적 모태는 기독교 교회 장식미술로부터 시작되었다.

기독교의 발전과 함께 글을 읽지 못하는 많은 평민계층을 위하여 성서이야기를 교회 천정과 벽에 그림으로 그려서 설명하였다.

| 예수의 부활 |

| 예수의 부활 |

중세 유럽의 화가들은 지역별로 서로 모여 길드를 형성하였고 미술품의 판매, 분배 및 회원들의 등급 기준까지 정립하고 독점권을 행사하였다. 길드의 영향력이 커지자 길드 비회원인 화가들의 창작행위조차 못하게 하는 법안도 통과 시키게 되었다. 1600년대 말에서 1700년대 초 길드의 붕괴와 장식미술의 일반대중화가 이루어 지기까지 창작활동의 제한 때문에 장식미술 혹은 민속품을 거의 볼 수 없었다.

Folk Art가 발전하기 시작한 시기는 이때부터이고 주로 별도 교육을 받지 않은 농부, 선원, 평민들에 의해서 작품제작이 이루어 졌으며 초기엔 거칠었으나 경험을 통해 보다 정교해지고 세련되어 지고 창조적 이게 되었다. 초기작품부터 화가 서명이 들어 있질 않아 오늘날 화풍과 Style을 분류하는 기준은 Alpbach (오스트리아), Telemark (노르웨이) 등 지명으로 한다.

1800년대 중엽 까지 발전이 계속되어오던 Folk Art는 산업혁명에 의한 수공예품 쇠퇴의 가속화에 편승하여 사장되기 시작했으나 다행히도 국가별 지역별로 소규모로 그 맥락을 유지하며 더욱 세련되고 정교한 기술로 발전 시켰으며 1940년대와 50년대에 와서야 장식미술에 대한 관심이 되살아나게 되었다.

Folk Art에 대한 기원을 유럽식 장식미술을 대상으로 하다 보면 지나치게 서구중심, 기독교 중심으로 설명됨에 따라 마치 Folk Art의 모든 것이 유럽인 것으로 인식 될 수 있으나, 이는 잘못된 생각이다.

Folk Art의 기원을 인류예술의 차원으로 접근하면 고대문명으로 그 기원을 거슬러 올라가게 되고 이집트와 메소포타미아(오리엔트 문명이라고도 함) 문명, 인더스 문명, 황하문명 등 4대 문명과 아메리카 대륙의 마야, 안데스를 포함하는 메소 아메리카 문명, 남미 고대 인데스 문명, 오세아니아 문명으로부터 그 기원을 찾게 되며 현대의 유럽, 아메리카, 오세아니아, 아시아, 아프리카주로 발전해 오면서 그 각각에 속한 나라별로 오랜 역사를 통해 그 나라 고유의 전통적 Folk Art의 역사가 정립될 수 있을 것이다.

| BC 4000말~3000초 |
인류 최초의 글자

| 인더스 문명 : 일각수 인장 |
아직 해독되지 못한 상형문자

| 황하 문명 : 금은 상감 수렵문경 |

전국 중기의 유물로써 거울면은 백동 뒷면에는 금은 장식이 달려있다 이만큼 미술적으로 뛰어난 작품은 유례를 찾기 어렵다.

| 아메리카 대륙의 마야 안데스 : 나스카 지상그림 |

땅에서 보아서는 도저히 상상할수 없는 그림이 하늘에서 보면 나타난다.

| 오세아니아 : 아보리지니의 손도장 |

2만여년 전의 그림으로 추정

교역을 통해 중국의 전통공예인 칠기와 도자기가 러시아에 유입되어 새로운 형태의 러시아 고유의 민속예술로 변형되는 등의 흥미로운 역사적 사실에 조금 더 적극적인 연구가 따른다면 매우 흥미 있는 공부가 되겠지만 본 서에서는 Folk Art의 기원과 역사를 이 정도로 마무리 한다.

유럽국가의 포크아트

• 유럽식 포크아트의 형식과 스타일은 그 문화 만큼이나 다양하며 국가별 포크아트의 특징을 간략히 소개하고자 한다.

[영국식 포크아트]

Narrow Boat Painting 이라 불리는 그림 기법으로서 1800년대 초 영국은 광역 운하 체제를 통한 각종 상품의 운반을 위해서 폭이 좁은 배들이 이용되었다. 그리고 운송회사 들은 그들의 배를 꾸미기 위해 아티스트들을 고용하였고 이 아티스트들은 그들만의 독특한 스타일을 개발하였으며 가장 흔한 Motif(주제)로 장미를 사용하였다. 장미를 주제로 한 것은 Buckby Can(Water Can)에도 자주 사용되었다. 아티스트들은 매력적인 꽃 장식과 기하학적인 무늬들을 그려 넣었고 Oil Color에 첨가된 에나멜 페인트를 사용했다. 전통적으로 색조는 녹색, 백색, 빨강, 그리고 노란색 이지만 가끔 경우에 따라 분홍색도 사용되었다.

| Narrow Boat Painting |

[독일의 포크아트]

1700년대 후반까지 독일의 포크아티스트들은 농부그림이라 번역할 수 있는 Bauernmalerei(바우에른 말레라이)라 불리우는 화려한 Painting Style을 발전 시켜왔으며 처음부터 각양 각색의 Bauernmalerei의 Style이 있었다. 단순하면서도 아름다운 형식의 꽃 그림 즉 튤립, 장미 등이 많은 반면 가끔 새들이 표현되었고 각각의 아티스트들은 이들을 주제로 서로 다른 형식 으로 표현하였다. 어떤 스타일은 매우 투박하고 어떤 것은 매우 정교한 기술을 보여 주기도 한다. 한가지 중요한 특징은 밝은 색깔을 주로 사용한다는 것이다 Bauernmalerei 형식은 상자, 트렁크, 옷장 등의 가구 제품에 많이 사용되었다.

| Bauernmalerel |

[프랑스 포크아트]

Taspery Florals이라 불리 우는 style이 있으며 이 형식은 17~18세기에 만들어졌다.프랑스 아티스트들은 Grece로부터 영향을 받았고 이 영향으로 보이는 중요 요소는 아칸서스 무늬에서 볼수 있다.이 무늬는 기원전 600년 이후로 많은 아티스트에게 영향을 주었다.Scroll의 정교한 entwining(휘감기법)은 회화의 바로크 시대인 1700년대 중엽에 시작되었다. 프랑스는 이러한 휘감기 기법을 새로운 지표로 받아들였다. 그들은 전통적인 scroll 테두리 장식에 무늬와 각진 선 그리고 꽃을 첨가 시켰다. 이러한 Tapestry 테두리 장식은 18세기 프랑스문화의 전 분야에서 발견된다.그들은 이러한 기법을 건물, 방, 직물 등의 장식에 사용하였고 18세기 전반에 걸쳐 계속 이어졌다. 그림과 디자인의 로코코 시대 동안 scroll과 테두리 장식에 조개모양이 첨가 되어졌다.

| Taspery Florals |

[러시아 포크아트]

러시아 포크아트는 그 스타일이 매우 다양하며 러시아 민족의 다재 다능함을 보여준다. 각 지역별 고유의 folk art를 갖고 있으며 가장 감동을 주는 러시아 포크아트의 하나는 모스크바 주위의 도시와 마을에서 만들어진 소형 칠기 제품이다. 러시아의 칠기페인팅의 기원은 무역을 통해 러시아로 들어오게 된 중국 칠기의 복제품이었다. 러시아의 칠기 제품 생산의 기원은 1720년까지 거슬러 올라가는데 이 때 예술가들은 피터대제 (1682~1725)를 위한 중국식 그림 판넬의 품질을 검사 받던 시기이다. 그 후로 러시아 아티스트들은 칠기 페인팅에 의해 극도로 숙련되었고, 특히 소품 칠기 공예 그림에서 숙련되어졌다. 그들은 종이 반죽 세공 상자에 장미를 주제로 한 그림과 러시아 동화 이야기의 장면을 주제로 한 그림으로 장식하기 시작했다. 1917년의 혁명 전에는 아티스트들 대부분이 소품 페인팅센타가 있는 4개의 마을, Fedoskino, Palelch, Kholui와 Mstera에서 성화제작을 통해 활동하였다. 그러나 혁명이후 새로운 소품 페인팅이 번성 했는데 그 이유는 교회가 더 이상 성화제작을 지원 할 수 없었기 때문이다. 러시아 공산체제 붕괴 이후 성화를 예술의 한 형식으로 되돌려 놓았고 다행히 세속적인 소품 페인팅도 계속되고 있다. Gzhel은 깊고 짙은 파란색의 shade로 그려진 전통의 러시아 백자이

| Mstera |

| Gzhel |

다. 단색의 예술형식이며 Gzhel 아티스트들은 중국의 청자 및 백자와 네덜란드 Delftware(델포도기)로부터 영향을 받았다.Gzhel은 매우 아름답고 소장할만한 가치가 있으며 아직도 생산되고 있다. 러시아 포크아트의 가장 아름다운 형식은 조스토브(Zhostov)라 할 수 있으며 이 곳은 모스크바에서 약 40마일 떨어진 마을이다. 이곳에 살며 작품 활동을 하는 위대한 화가들은 우아하고 멋진 꽃과 과일을 주제로 그림을 그리며 이들 그림은 깜짝 놀랄 만큼 아름답다. 그들의 사용 색상은 매우 아름답고 주제와 디자인의 다양성은 끝이 없는 것처럼 보인다. 또 하나의 러시아 포크아트 페인팅 기법중의 하나로 Khokhloma 라는 style이 있는데 금색, 빨강, 검정색을 주로 사용하고 잎사귀 에는 밝은 녹색을 사용하였다. 전통적으로 금색을 표현할 때 금가루를 사용했으나 물감의 발달로 요즘은 금색의 물감을 사용한다.

| Zhostov |

| Khokhloma |

[노르웨이 포크아트]

노르웨이의 포크아트는 자수품과 자수품위에 Rosemalling혹은 Rose painting을 입히는 것으로 알려져 있는데 전통적으로 Oil color로 그렸다. 지역별로 페인팅 기법에 독특한 style을 갖고 있다. 수년에 걸쳐 부유해진 지역의 아티스트들이 다른 지방에서 그려지는 그림을 보기 위해 여행을 할 수 있었고 이러한 여행을 통해 노르웨이내 여러 지역의 Rosemalling에 공통적인 영향을 주게 되지만 아직도 각 지역별 독창성은 그대로 남아있다. Rosemalling의 모든 형식을 설명하기는 사실상 불가능 하며 아티스트들은 제각기 그 들만의 고유한 style을 그리는 독특한 방법을 개발한다. Rosemalling에 대한 책이 다양하게 있으며 어떤책은 포트아트 형식의 역사를 소개하고 있고, 어떤 책들은 여러 가지 서로 다른 기법을 소개하고 있다.

Rogaland

- 노르웨이의 Folk Art의 대표적인 Rosemaling 형태
- 우아한 c,s scroll
- 끝을 부드럽고 둥글게 처리한 입사귀
- 꽃 형태의 다양성 (튤립, blossoms, bonret lilies, 장미 등)
- 대칭 및 cross-hatcing 기법사용

Telemark style

- 흐르는 것 같은 scrollwork (flowing), 비대칭 형태
- 불투명 및 투명기술 모두를 갖고 있음.
- scroll과 꽃이 형성되는 곳으로부터 디자인이 Root를 주위로 형성되거나 중앙부를 주위로 형성됨.
- scrolls : s.c shape으로 형성.
- 꽃은 비대칭이며 두 개를 똑같이 그리는 것은 드문일임

Valdres

- 보다 양식화 되어 있음.
- 전통적으로 파랑, 녹색, 검은색 바탕 위에 그림을 그림.
- S-형태의 잎사귀와 복잡한 꽃형태.
- 종종 비대칭 형이고 요소들이 중복되는 경향이 있음.
- 다른 Rosemaling에 비해 scroll이 작음.

[네덜란드 포크아트]

17,18세기에 네덜란드는 해양산업의 증흥과 함께 강한 해운력을 갖고 있었다. 네덜란드 선원들은 그들의 배와 집을 아름답게 장 식하기 위해 정교한 목각술을 발전시켰다. 겨울 동안 운하 및 항구가 문을 닫으면 선원들은 실내장식을 위해 가구 용품 등에 그림을 그렸다. Folk painting의 초기에는 일반적으로 목각 부에 그리는 것으로서 자연목재를 바탕으로 한가지 색으로만 표현 하였다가 색의 추가를 통해 네덜란드풍의 페인팅의 혁신적인 변화를 가져왔다. 네덜란드 folk art의 또 다른 발전 요인은 스칸디나비아의 페인팅과 조각품이 무역을 통해 네덜란드로 소개되면서 부터였다. Hindeloopen 스타일의 그림기법은 1700년대 말 같은 이름의 북부 항구도시에서 개발되었다. 그 곳엔 현저히 구분되는 두 개의 파가 있는데 그 각각의 이름은 그 기법을 처음 시도한 화가의 이름을 따서 지어졌으며 Arend Roosje 와 Gerard Huitinga이다. 두 개의 화파는 각 파고유의 아름다운 Folk Art를 독특하게 창조해낸다. Huitinga style은 밝은 색상으로 그림을 그리고 특이할 만한

| Hindeloopen |

것은 기법을 단 한 가지 색상으로 shading을 사용하는 네덜란드 델포도기(delftware)제품과 유사한 느낌을 준다는 것이다. Roosje style은 보다 어두운 색으로 정형적으로 그리며, 디자인들이 주로 대칭형을 이루고 있다. 17세기 Assendelfter라는 북부 도시에서 생성된 Assendelfter 페인팅 기법은 기존의 style과는 전혀 다른 새로운 style을 보였다. 이 style은 Roosje나 Huttinga style보다 더 세련되고 보다 정교하였다. 대부분의 folk painting의 주제가 한정적이었으나 Assendelfter style은 꽃, 과일, 그리고 새들을 표현하는 수십 가지의 자연적 소재를 갖고 있다. Assendelfter painting의 발전은 한 나라의 경제적 상황이 folk art에 얼마나 많은 영향을 주는지 보여주는 좋은 예이다. 처음에는 농부들이 겨울철에 그 들의 집을 화사하게 꾸미거나 부 수입의 목적으로 수납함, 촛대 등 소형 가구 제품에 그림을 그렸으나 훗날 네덜란드가 해양 강국이 되고 국민들이 부유하게 되자 folk art는 보다 정교해졌고 소품에 그리는 대신 벽과 큰 가구들을 대상으로 보다 정교하게 그림을 그렸다.

| Assendelfter |

포크아트 기본 재료 설명

1. All Purpose Sealer

다용도 실러라고 불리는 보조제로 그림을 그리기 전 수성인 아크릴 물감의 흡수를 도와 플라스틱 철제등 이미 마감이 되어져 있는 제품에 그림을 그리기 전 2~3번 칠해주고 그림을 그리는 용도로 쓰인다. 또한 그림을 그리기 전 젯소의 용도로 칠해주기도 한다. 이는 나무 표면에 막을 입혀 내구성을 주고 사포를 용이하게 한다.

2. Clear Glaze Medium

물감의 투명감을 주는 보조제로 주로 바탕기법 때 리타더와 같이 쓰이고 그림을 그리고 칠해 주어 투명감과 깊이를 주기도 한다.

3. Retarder Medium

물감이 마르는 것을 더디게 해주는 보조제로 바탕기법이나 그림을 그릴 때 주로 쓰인다.

4. Flow Medium

라인을 그을 때 쓰이는 보조제로 풀 역할을 해주어 물감과 물과 붓과의 탄성을 주어 라인이 잘 그어진다.

5. Glass & Tile Medium

유리와 타일에 그림을 그리기 전 바르는 보조제로 다용도 실러와 같은 성분의 보조제이다.

6. Textile Medium

직물 전용 보조제로 물감과 1 : 1로 섞어서 사용 후 그림을 그리고 천을 대고 다림질 해주면 세탁하여도 무방하다.

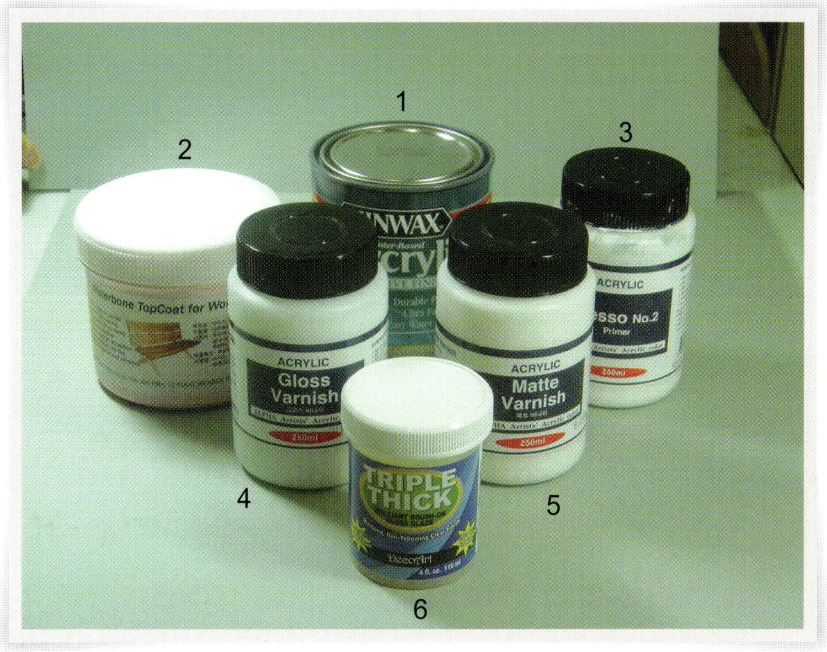

1. Polycrylic Protective Finish(수성 코팅 마감재)

우레탄 바니쉬로 2번 정도 바르면 되나 옥외용으로는 적합하지 않다.

2. Waterbone TopCoat for Wood(폴리 우레탄 바니쉬)

무공해, 무독성, 무취의 제품으로 빠르게 건조되고 약간의 광택이 있는 친 환경 소재이다.

3. Gesso

석고가루로 만든 Artists Color 로 캔버스 바탕 칠 전용 재료로써 건조가 빠르고 물감의 발색을 돕고 내구성을 향상시켜주므로 그림을 그리기 전 나무에 칠해 내구성과 사포를 용이하게 해준다.

4. 알파 Gloss Varnish

그림을 다 그리고 나서 칠해주는 마감재로 물과 1 : 1로 섞어 여러 번 칠해주는 방식으로 사용하며 보통은 5번 정도 칠해주나 10번 이상은 칠해주어야 내구성이 좋은 유광 마감재이다.

5. Matte Varnish

그림을 다 그리고 나서 칠해주는 마감재로 물과 1 : 1로 섞어 사용하고 무광 마감재이다.

6. Triple Thick

주로 작은 악세사리 종류에 쓰는 마감재로써, 한번만 발라도 두껍게 발라져서 코팅력이 좋다.

1. 바탕브러쉬
2. Mop 브러쉬
3. 색연필
4. 스텐실 브러쉬
5. 스타일러스 (도트)
6. 플랫 브러쉬
7. 필벗 브러쉬
8. 라운드 브러쉬
9. 퀼 브러쉬
10. 나이프

1. #220, #600 사포
2. 화이트 먹지
3. 블랙 먹지
4. 파레트
5. 물통

물감의 종류별 특징

JO SONJA'S 물감

제일 큰 장점은 스트록에 용이하다는 것이다. 빽 칼라도 용도에 따라 다양하게 나와 있고 색상도 선명하고 예쁜 칼라로 이루어져 있다.

촌스럽지 않으면서 밀착도도 훌륭하다.

AMERICANA, FOLKART 물감

스텐실용으로 널리 알려져 있는 두 회사의 칼라는 쉐이딩을 하기엔 딱 알맞고 수채화 느낌을 얻을 수 있어 좋으나, 색상이 약간 흐리고 묽어서 스토록에서는 제대로 그 색상을 얻기 힘든 칼라도 있다.

JANSEN DECOART (JANSEN ART)

새롭게 만든 칼라로 JO SONJA'S 칼라의 장점과 FOLKART 물감의 장점을 다 가지고 있다.
색상도 선명하고 스트록 하기에도 좋은 칼라이다.

• 본 책에서는 3가지 색상을 다 썼지만 JO SONJA'S 물감이 제일 많이 알려져 있는 관계로 JO SONJA'S 칼라로 바꿔 썼음을 알려드립니다.

포크아트 기본 기법

[플랫 브러쉬]

1. Side-loading=floating

브러쉬를 적신 후 촉촉한 상태에서 브러쉬의 한쪽 끝에 물감을 묻혀주고 빠레트에 여러번 로딩하여 그라데이션이 된 상태를 말하고 물을 사용하였다하여 플로팅이라 하기도 한다.

주로 작품을 만들 때 명암을 주기 위해 사용하는 기법으로 기본 색보다 어두운 색상으로 사이드 로딩하면 shade-loading이라 표현하고 밝은 색으로 로딩하여 표현할 때는 highlighting이라 한다.

2. Double-loading

브러쉬를 적신 후 촉촉한 상태에서 브러쉬의 한쪽 끝에 물감을 묻혀주고 또다른 쪽에 물감을 묻혀 로딩하여 두 가지의 색이 섞인 색과 각각의 색이 표현되어 있는 상태이다. 브러쉬에 수분이 적절해야 표현이 되며 수분이 너무 많으면 물감이 섞여 버린다.

3. C-Stroke 기법

브러쉬가 자유로울 수 있도록 촉촉한 상태에서 물감을 묻혀주고 연필을 잡듯 브러쉬를 잡아준 후 브러쉬가 너무 눕지 않도록 약간 세워주고 C자를 그려준다.

4. S-Stroke 기법

브러쉬가 눕지 않도록 약간 세워주고 S자를 그리며 약간 눌렀다 세워준다. 사이드 로딩이나 더블 로딩을 하여 C 스트록과 같이 리본을 표현할 때 사용하기도 한다.

5. Leaf Stroke

말그대로 나뭇잎을 그릴 때 자주 사용되는 스트록이다. 브러쉬는 연필 잡듯 편하게 잡아주고 브러쉬를 뉘우지 말고 약간 세워주고 45° 각도에서 브러쉬를 사선으로 놓고 살짝 눌렀다 세워준다.

6. 로드 Stroke

브러쉬에 물감을 묻혀주고 곳게 내려긋는다. 주로 플랫 브러쉬로 표현해 주며 체크 무늬를 그릴 때 사용하기도 하고 굵은 선이나 면을 표현할 때 사용하는 스트록이다.

1. C Stroke

브러쉬를 약간 세워주고 사선으로 놓은 상태에서 C자의 모양이 되도록 살짝 눌렀다 세워준다. 주로 데이지 등 꽃을 그릴 때나 잎사귀 등을 그릴 때 쓰인다.

2. S-Stroke 기법

연필을 잡듯 브러쉬를 잡아준 후 약간 세운 느낌으로 S자를 그려준다. 필벗의 S 스트록은 주로 꽃의 방향을 중심을 향해서 그려줄 때 사용된다.

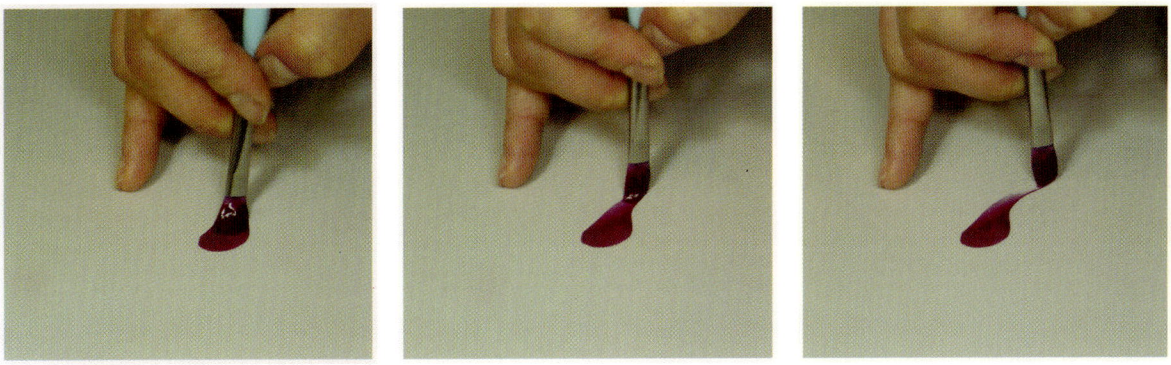

3. Leaf Stroke

말그대로 나뭇잎을 그릴 때 자주 사용되는 스트록이다. 브러쉬는 연필 잡듯 편하게 잡아주고 브러쉬를 눕히지 말고 약간 세워주고 45° 각도에서 살짝 눌렀다 세워주는 느낌으로 그려준다.

* 오른쪽이든 왼쪽이든 붓을 완전히 펴준다는 느낌으로 스트록 해줘야 한다.

[라운드 브러쉬(환필)]

1. 데이지-Stroke .콤마-Stroke

스트록 기법에서 중요한 것은 물감을 듬뿍 묻혀 살짝 눌렀다 세워 주어야하며 어느정도 속도를 갖고 그려주는 것이 예쁘게 표현된다. 주로 데이지 꽃이나 작은 꽃 등을 표현할 때 그려준다.

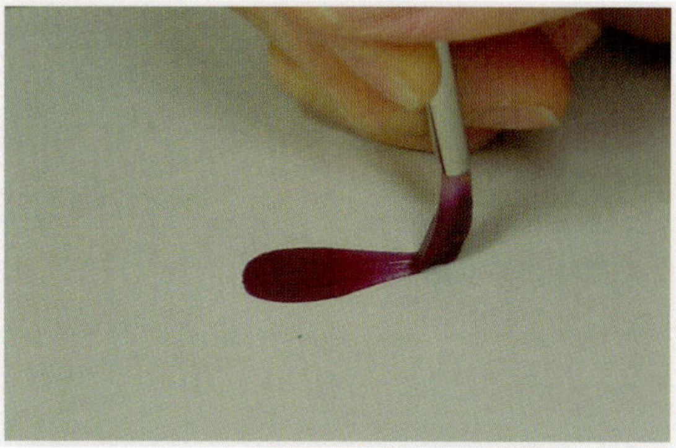

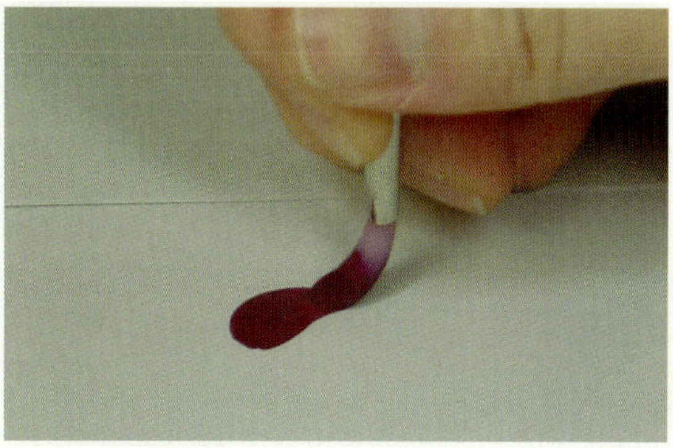

▶ 30페이지 참고

2. Leaf Stroke

나뭇잎을 그릴 때 자주 사용되는 스트록이다. 브러쉬는 연필 잡듯 편하게 잡아주고 뉘우지 말고 약간 세워야 한다. 브러쉬를 눌러 붓을 180도 돌린다음 빼는 방법이다.

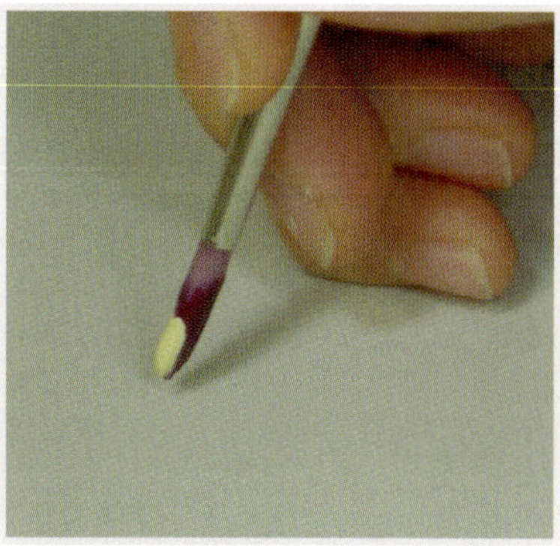
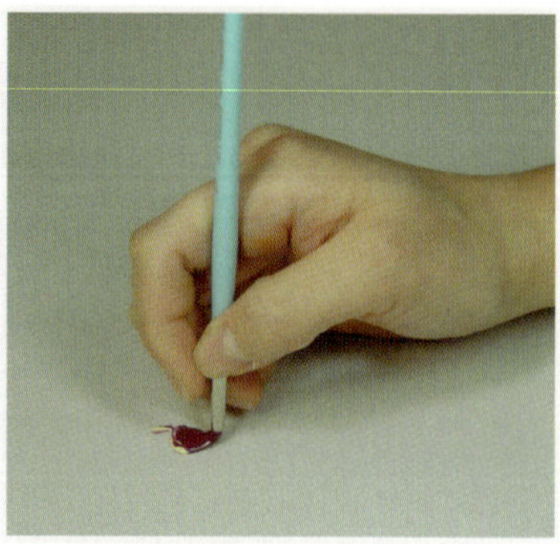

▶ 74페이지 참고

* 아래 부채꼴 모양이 되도록 만들어 주어야 한다.

3. Line Work

브러쉬를 뉘우지 말고 약간 세워 주어야 하며 수분과 물감의 조절이 적당해야 브러쉬가 자유롭게 움직일 수 있다. 브러쉬를 약간 누르기도 하고 세우기도 하며 라인의 재미를 더해준다.

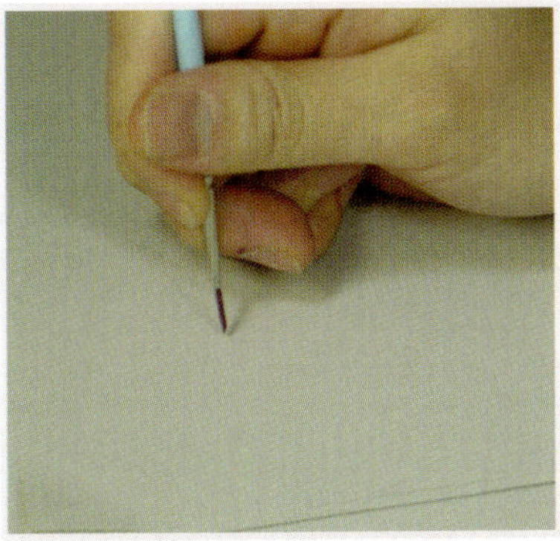

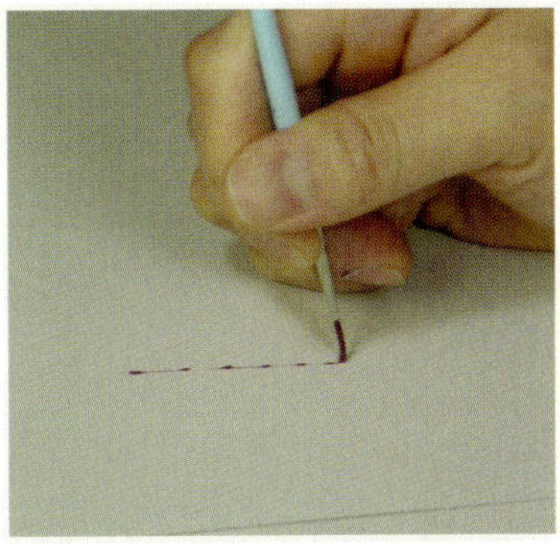

* 주로 덩굴을 만들어 줄때 사용한다.

작품 따라하기

- 데이지 액자
- 쉐이딩 장미
- 풍경 시계
- 로즈말링 벽걸이 장식
- 겹장미 우산꽂이
- 마아가렛꽃 보석함
- 장미바구니 보석함
- 라운드 브러쉬 장미
- 과일 편지함

데이지 액자

PALETTE(물감)

Napthol Crimson(NC), Titanium White(TW), Pine Green(PG), Yellow Light(YL) Burnt Umber(BU), Smoked Pearl(SP), Purpple Madder(PM), Oakmoss, Moss Green(MG), Red Vilet (RV), Dioxazine Purple (DP), Cadmium Orange(CO)

BRUSHES(붓)

바탕 브러쉬, NO.2, NO.4 필벗 브러쉬, NO.3 라운드 브러쉬, 퀼 브러쉬, NO.1/2 플랫 브러쉬

SUPPLIES(기타 준비물)

#600,#220 사포, 젯소, 먹지, Flow Medium, Retarder, 매트 바니쉬, Clear Glaze Medium, Kleister Medium

PREPARATION(바탕준비)

1. 먼저 젯소를 칠하고 #220으로 사포한다
2. OakMoss로 베이스를 2번 칠해주고 PG+PM를 (1:1) 믹스해서 OakMoss위에 칠해 주고 #600으로 사포하여 약간 벗겨진 상태로 둔다
3. RV+DP를 믹스하여 사이드에서 안쪽으로 터치한다.

LEAVES(잎)

1. PG+DP를 Clear Glaze M.과 믹스해서 NO.4 필벗 브러쉬로 바탕을 칠한다
2. DP를 Glaze M.과 약간 믹스해서 잎의 어두운 음영을 표현해 준다
3. PG+YO를 Clear Glaze M.과 믹스해서 원 스트록해 준다.
4. TW를 더 밝게 믹스해서 두 번째 오버스트록을 시켜 준다.
5. MG+TW를 Clear Glaze M.과 믹스해서 잎사귀가 풍성해 보이도록 잎사귀 사이사이에 그려넣는다.

DAISIES(데이지)

1. NO.4 필벗 브러쉬로 SP를 Glaze M.과 믹스해서 타원 모양으로 칠해준 후,
2. CO로 어두운 부분을 NO.4 필벗 브러쉬를 이용하여 사이드로딩 해준다.
3. TW를 Kleister Medium과 Mix해서 NO.3 라운드 브러쉬로 스트록 해준다
4. 씨앗은 NO.3 라운드 브러쉬로 CO → YL순으로 찍어주고 TW로 가운데 하이라이트 부분을 찍어준다.

FRUIT(과일)

1. NC+리타더를 믹스해서 NO.2 필벗 브러쉬로 바탕을 칠해준다
2. DP로 어두운 부분을 쉐도우 해주고 CO로 밝은 부분을 텃치한다.
3. TW로 하이라이트를 찍어준다.

TRUNK(줄기)

1. DP+BU를 Flow M.과 믹스해서 줄기를 표현해 주고 전체 그림의 사이드에 약하게 쉐이드를 준다.

FINISHING(마무리)

1. YL+CO를 믹스해서 라인을 넣는다.
2. 액자의 테두리는 PM로 칠한 후 #600으로 고운 사포한다.
3. 매트 바니쉬를 칠한다

데이지 액자 그리는 방법

• RV+DP를 믹스하여 사이드에서 안쪽으로 터치 한 후, 마른 천으로 부드럽게 닦아낸다.

• 본을 그린 후 바탕을 칠해준다. 잎사귀는 토네이도 기법(반원형으로 회오리처럼 터치해주는 방법)으로 쉐이딩을 넣어 준다.

• 열매는 바탕색에 리타더를 믹스해서 칠한 후 쉐이딩과 하이라이트를 줘서 색이 잘 조화되도록 한다. 타원형으로 바탕이 칠해진 데이지 꽃에도 중심과 밑쪽에 쉐이드를 주고 TW를 Kleister Medium과 Mix해서 데이지 스트록을 준다. (24페이지 참고)

• 연결사진

• (Tip : 라인을 넣을 땐 위 사진과 같이 테두리에 손가락을 대고 그으면 곧고 바른 선을 쉽게 그을 수 있다.)

• 연결사진

• 완성된 모습

데이지 액자 그리는 방법

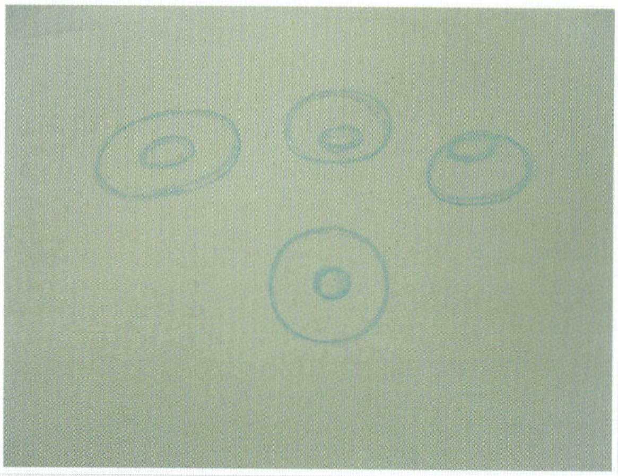

• 왼쪽 사진은 데이지 꽃의 기본틀 이고 꽃잎이 어떤식으로 들어가는지를 보면 오른쪽과 같이 된다. 보는 시각에 따라 꽃의 형태가 틀려지고 크기가 틀려지는 모습을 보여 주는 그림으로, 시각에 따라 꽃이 틀려지더라도 공통점은 모든 꽃잎이 중심을 향하고 겹쳐지면 안된다는 것이다.

• 잘못된 예

왼쪽은 꽃잎의 형태가 볼륨감없이 일자로 내려왔고 오른쪽은 꽃잎들이 겹쳐져 있다.

• 데이지꽃의 꽃씨이다.

필벗 브러쉬에 물감을 묻혀 파레트에서 눌러 가운데 부분이 들어가도록 해서 씨 부분에 살짝 눌러 쓸어 내리듯 찍으면 된다.

데이지 액자 도안 ①

데이지 응용

쉐이딩 장미

PALETTE(물감)

Rose Pink(RP), Titanium White(TW), Pine Green(PG)
Naples Yellow Hue(NYH)
Burnt Umber(BU) Aqua(A) Permanent Alizarine(AIZ)
Raw Sienna(RS)

BRUSHES(붓)

바탕 브러쉬, NO.4 필벗 브러쉬, NO.3 라운드브러쉬
NO. 3 퀼 브러쉬

SUPPLIES(기타 준비물)

사포 #600, #220 젯소, 먹지, Top Coat(마감제),
Folw Medium, Retarder

PREPARATION(바탕준비)

1. 젯소를 전체 바르고 RP를 전체 칠한다.
2. #200사포로 곱게 사포해 준다.
3. RP,NYH를 리타더와 믹스해서 두가지 색이 다 보이도록 바탕을 터치한다.
4. 완전히 마른후에 #600번 사포로 다시한번 곱게 다듬어 준다.
5. 블랙 먹지를 대고 도안을 옮긴다.

ROSE(장미)

1. RP+RS Mix(1:1)해서 바탕을 칠해준다.
2. AIZ을 NO.4 필벗 브러쉬로 사이드로딩해서 어두운 부분을 쉐도우한다.
3. TW를 같은 방법으로 밝은 부분을 쉐이딩한다.
4. AIZ으로 NO. 3 퀼 브러쉬로 꽃잎의 라인을 그려준다.

LEAVES(잎사귀)

1. NO.4 필벗 브러쉬에 PG+Glaze M.(1 : 1) 믹스해서 사이드로딩으로 잎사귀를 그려준다.

FORGET-ME-NOT(물망초)

1. NO.3 라운드 브러쉬에 Aqua에 TW를 살짝 묻힌후 스트록 해준다.
2. NO.3 퀼 브러쉬에 TW를 묻혀 꽃잎 주위에 라인을 그려준다.
3. 덩쿨과 가지는 BU와 PA를 믹스해서 NO.3 퀼 브러쉬로 라인을 그려준다.

FINISHING(마무리)

1. 새틴 바니쉬로 두번 정도 칠해준다.

쉐이딩 장미 그리는 방법

(▶ 21페이지 쉐이딩 참고)

쉐이딩 장미 도안 ①

쉐이딩 장미 응용

풍경 시계

PALETTE(물감)

Titanium White(TW), Napthol Crimson(NC), Aqua, Raw Umber(RU), Prusian Blue Hue(PBH), Gold Oxide(GO), Pine Green(PG), Burnt Umber(BU), Cadmium Yellow Mid(CYM), Moss Green(MG), Yellow Oxide(YO), Permanent Alizarine(AIZ)

BRUSHES(붓)

바탕 브러쉬, NO.8 필벗 브러쉬, NO. 3/8, NO.1/4플랫 브러쉬, NO. 3, NO. 5라운드 브러쉬, 곰브러쉬

SUPPLIES(기타 준비물)

사포, 젯소, Top Coat(마감제)

PREPARATION(바탕준비)

1. 젯소를 칠한 후 TW로 칠해준다.
2. 220번 사포 후 도안을 그린다.

PINK HOUSE(분홍 집)

1. NC과 TW를 믹스하여 벽면을 칠하고 지붕과 창문위 파라솔은 NC를 좀 더 섞어 칠한다. 대문은 YO로 칠하면 된다.
2. NC에 RU를 약간 믹스해서 NO.1/4플랫 브러쉬를 이용하여 사이드로딩으로 음영을 넣어준다.
3. 하이라이트는 TW를 사이드로딩해서 넣는다.

BLUE HOUSE(파란 집)

1. Aqua에 TW를 믹스하여 칠하고 지붕과 창틀은 PBH와 TW를 믹스해가며 칠해준다.
2. 창문과 문은 YO로 칠한 후 NO.3 라운드 브러쉬에 BU를 묻혀 라인을 그린 후 나뭇결은 GO로 표현해준다. 대문 음영은 BU를 사이드로딩해서 넣는다.
3. 벽돌과 창틀등의 음영은 Aqua에 RU를 약간 믹스하여 사이드로딩해준다.
4. 전체 하이라이트는 TW를 사이드로딩해서 넣는다.
5. 작은 꽃은 NO.1/4플랫 브러쉬 끝에 PA을 묻혀 찍은 후 TW가 믹스되게끔 그 위에 찍어준다. 작은 풀도 PG과 CYM를 이용하여 같은 방법으로 찍어준다.

GRASS & DAISIES(풀밭& 데이지)

1. MG과 BU를 브랜딩 해가며 칠해준다.
2. 곰브러쉬에 MG, CYM, TW를 적당히 묻혀가며 풀을 표현해준다.
3. 물감이 마른 후 데이지 꽃이 들어갈 부분에 도안을 그린 후
4. NO.8 필벗 브러쉬에 PG을 묻히고 CYM를 사이드로딩하여 잎사귀를 그린다.
5. 라운드 5호에 TW를 묻혀 데이지 꽃을 그린다. (데이지 스트록 참고)
6. AIZ과 CYM로 씨앗을 그려준다.

WOOD(나무 숲)

1. PG, CYM, TW를 적당히 믹스해가며 곰브러쉬로 가볍게 두드리면서 표현한 후
2. NO.1/4 플랫 브러쉬를 이용해서 BU로 나뭇가지를 그려 준 후 TW로 하이라이트를 넣는다.

FINISHING(마무리)

1. 완전히 건조 시킨 후 TOP COAT를 2번 정도 발라준다.

풍경 시계 그리는 방법

• 먹지를 대고 본을 뜬후 바탕색을 깔끔하게 칠해 준다.

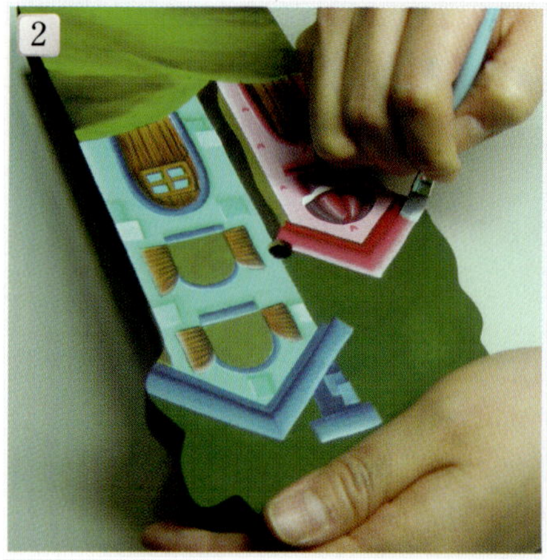

• 어두운 부분과 밝은 부분을 쉐이딩해서 입체적으로 표현

• 곰브러쉬로 2가지 색으로 찍어준다.

• 데이지 확대 그림

• 대문 표현 확대 그림

(▶ 21페이지 플렛브러쉬 참고)

• 지붕과 창틀 확대 그림

풍경 시계 도안①

풍경시계 응용

풍경시계 응용

로즈말링 벽걸이 장식

PALETTE(물감)

Titanium White(TW), Smoked Pearl(SP), Raw Sienna(RS), Burnt Umber(BU), Raw Umber(RU), Storm Blue(SB), Burnt Sienna(BS), Norwegian Orange(NO), Permanent Alizarine(AIZ), Naples Yellow Hue(NYH), Carbon Black(CB), Red Earth(RE), Ivory Black(IB)

BRUSHES(붓)

바탕 브러쉬, NO. 8 필벗 브러쉬, NO. 3 라운드 브러쉬, NO. 3 퀼 브러쉬, NO.3/8플랫 브러쉬

SUPPLIES(기타 준비물)

#220 사포, 먹지, 젯소, Clear Glaze Medium, Retarder, Magic Mix, Kleister Medium, 새틴 바니쉬, 스폰지

PREPARATION(바탕준비)

1. 젯소를 칠한 후 SP로 바탕을 칠해준다.
2. #220 사포 후 도안을 그리고
3. 다시한번 SP를 붓결이 나지 않도록 칠해준다.
4. RS를 Clear Glaze M.과 Retarder에 믹스해 스폰지에 묻혀 전체 결을 내며 닦아 내린다.
5. AIZ+BU를 역시 Clear Glaze M.과 Retarder에 믹스해 같은 방법으로 부분적으로 닦아 내린다.
6. 본을 대고 그린다.

ROSE(장미)

1. NO+BS(1:1)를 Magic Mix와 믹스해서 밑바탕을 칠한다.
2. NO.8 필벗 브러쉬에 밑 바탕 색을 묻힌 후 BU를 사이드로딩해서 어두운 부분을 쉐이드 한다.
3. 하이라이트는 바탕색에 SP을 사이드로딩해서 표현한다.
4. BU+CB을 Magic Mix와 믹스해서 NO.3 라운드 브러쉬를 이용해서 봉우리 부분에 라인을 넣어준다.
5. 아래 흰꽃잎은 SP에 바탕색을 약간 섞어 Magic Mix와 믹스해서 칠한다.
6. NYH+TW(1:2)를 Magic Mix와 믹스해서 하이라이트를 표현한다.
7. TW에 Kleister M.을 믹스해서 NO.3 라운드 브러쉬에 묻혀 밝은 라인을 넣어준다.

ACANTHUS FLOWER(아칸서스 꽃)

1. 장미와 같은 방법으로 NO+BS(1:1)를 Magic Mix와 믹스해서 칠한다.
2. NO.8 필벗 브러쉬에 밑 바탕 색을 묻힌 후 BU를 사이드로딩해서 어두운 부분을 쉐이드 한다.
3. 하이라이트는 바탕색에 SP을 믹스해서 사이드로딩한다.
4. BU+CB을 Magic Mix와 믹스해서 NO.3 퀼 브러쉬를 이용해서 라인을 넣어준다
5. TW에 Kleister M.을 믹스해서 NO.3 라운드 브러쉬에 묻혀 밝은 라인을 넣어준다.

ACANTHUS LEAVES(아칸서스 잎사귀)

1. SB에 Magic Mix를 믹스해서 필벗 8호를 이용해 안쪽에서 바깥쪽으로 스트록을 넣어준다.
2. SB에 RU를 믹스하고 Magic Mix와 섞어 사이드로딩 해서 쉐이딩한다.
3. SB에 TW를 믹스하고 Magic Mix와 섞어 하이라이트를 표현해 준다.
4. SB를 NO.3 퀼 브러쉬에 묻힌 후 TW를 티핑해서 안쪽 라인을 넣는다.
5. BU+CB을 Magic Mix와 믹스해서 NO.3 퀼 브러쉬를 이용해서 바깥 라인을 그린다.

FINISHING(마무리)

1. 꽃과 봉우리를 연결하는 부분은 BU에 Magic Mix를 믹스해서 NO.3/8 플랫 브러쉬로 사이드로딩해서 쉐이드를 준다.
2. BU+CB에 Magic Mix를 믹스해서 NO.3 퀼 브러쉬에 묻혀 라인을 넣어준다.
3. 전체의 붉은 라인은 RE에 Magic Mix를 믹스해 표현한다.
4. 밑바탕 중 그림이 들어가는 원 안 쪽을 제외한 부분에 IB을 Clear Glaze M.과 Retarder를 섞어 스폰지에 결을 내듯 닦아내어 전체 톤을 낮춰준다.
5. 테두리 부분엔 BU, RS, BS, CB등을 Clear Glaze M.과 믹스해서 NO.3/8 플랫 브러쉬로 곧게 내려 긋는다.
6. 새틴 바니쉬로 2번 정도 발라준다.

로즈말링 벽걸이 장식 그리는 방법

• RS+Glaze M.+Retarder를 믹스하여 스폰지에 묻혀 내려 긋는다.

• 조금의 어두운 색을 같은 방법으로 주변에 내려 긋는다.

• 너무 힘을 주지 않고 45° 각도에서 내려 긋는다.

• 밑색을 칠하고 어두운 부분을 사이드로딩으로 쉐이드한다.

• 아칸서스 잎사귀 스트록 사진

• 잎사귀와 꽃등에 라인을 그어준다.

• 연결 사진

• BU, RS, BS, CB 등을 Glaze M.과 믹스해 가며 테두리 부분을 표현한다.

• IB를 2번과 같은 방법으로 내려 그어 전체적인 톤을 낮춰준다.

10

• 완성된 모습

로즈말링 벽걸이 장식 도안 ①

겹장미 우산꽂이

PALETTE(물감)

Burnt Umber (BU), Celadon,
Titanium White (TW), Teal Green (TG)
Yellow Light (YL), Cadium Orange (CO),
Naples Yellow Hue (NYH), Brown Earth (BE)
Naphtol Red Light (NRL), Purple Madder (PM),
Smoked Pearl (SP), Red Violet (RV),
Hookers Green (HG)

BRUSHES(붓)

빽붓 10호, NO.4 필벗 브러쉬,
NO.6 필벗브러쉬, NO.1/2플랫 브러쉬,
라이너 브러쉬, NO.5 라운드 브러쉬

SUPPLIES(기타 준비물)

Retarder Medium, Top Coat(매트 바니쉬),
다용도 실러, #600, 220, 사포

PREPARATION(바탕준비)

1. 전체 다용도 실러를 1번 칠한 후 #220번 사포로 문질러 준다.
2. BU로 칠해 건조 후 그 위에 Celadon+TW(2 : 1)을 섞어준 후 칠해준다.
3. 마른 후 #220 사포를 한 방향으로 사포하여 BU의 색이 부분부분 보이도록 한다.

LEAVES(잎)

1. NO.6 필벗브러쉬를 이용하여 HG로 베이스를 칠해준다.
2. TG와 BU를 섞어 어두운 부분을 세이드한다.
3. NO.6 필벗브러쉬로 NYH를 묻혀 잎사귀의 밝은 부분을 터치하여 준다.

ROSE(장미)

1. RV으로 베이스 칠해준다.
2. PM로 장미의 어두운 부분을 세이드 한다.
3. NO1/2 플랫브러쉬에 RV를 묻혀주고 한쪽 끝에 NYH를 사이드로딩해서 장미를 그려준다.
4. 점점 장미의 밝은부분을 표현 할 때는 SP, TW 순으로 사이드 로딩해서 그려준다.
5. 장미를 그려준 후 PM로 씨가 들어가는 봉우리 안쪽 부분을 쉐이드 한다.
6. 장미의 씨는 PM와 TW로 라이너 브러쉬를 사용해 표현해 준다.

PANSY(팬지)

1. SP로 베이스 칠해준다.
2. 팬지의 어두운 부분을 RV으로 쉐이드 한다.
3. TW를 NO.6 필벗브러쉬를 사용해 터치 하여준다.
4. 팬지의 씨 부분은 NRL와 YL로 라이너 브러쉬를 사용해 표현해 준다.

DAISIES(데이지)

1. HG으로 베이스 터치 하여주고 (참고 : 라운드 브러쉬 스트록 편)
2. 그 위에 TW로 스트록 하여준다.
3. 씨부분의 어두운 부분은 CO로 쉐이드 해주고 밝은 부분은 YL로 쉐이드 해준후 TW로 찍어준다.

HYDRANGEA(수국)

1. 리타더를 전체 바른 후 RV과 BE로 NO.1/2 플랫 브러쉬를 사용해 베이스 색이 자연스럽게 연결되도록 터치한다.
2. 1번의 색이 마르기전 NO.4 필벗 브러쉬로 RV와 BE, TW를 사용해 꽃을 그려준다.
3. TW를 같은 브러쉬를 사용하여 꽃 전체 중 안쪽 부분만 하이라이트를 준다.
4. 씨 부분은 NO.4 필벗브러쉬에 PM을 묻혀 C자 스트록을 넣어주고 TW로 중심에 씨앗을 넣어준다.

FINISHING(마무리)

1. 매트 바니쉬를 두 번 정도 칠 해준다.

겹장미 그리는 방법

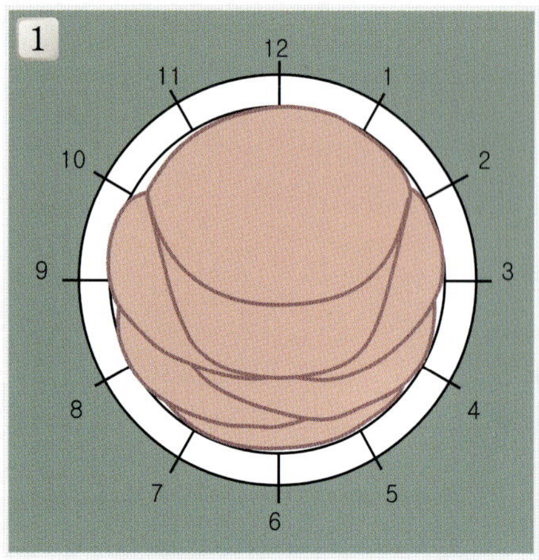

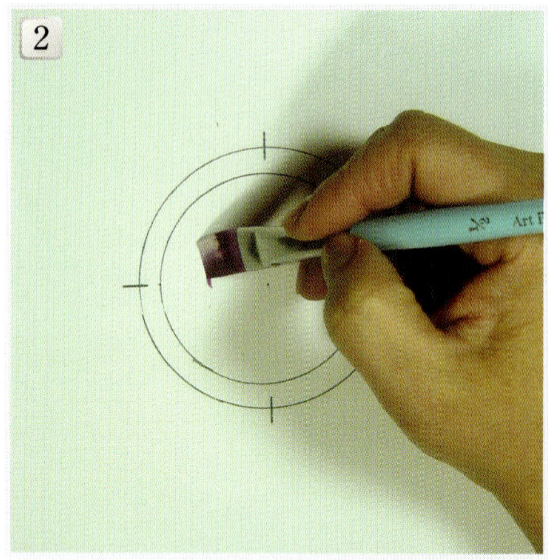

• 플랫 브러쉬에 물감을 더블 로딩하여 9시 방향에서 2시 방향까지 오도록 브러쉬를 약간 위로 올리듯 부채 모양을 만들어 준다.

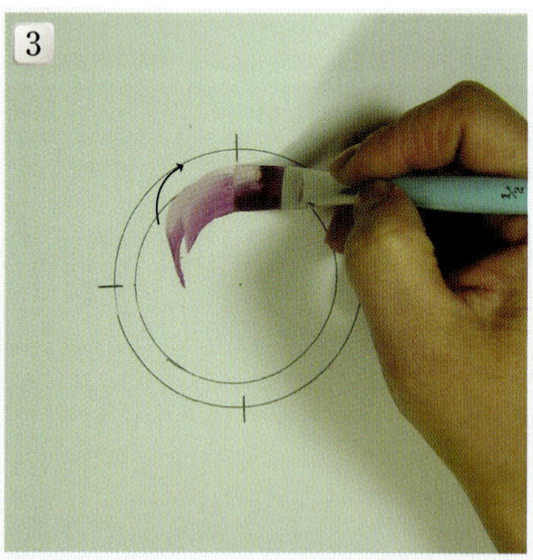

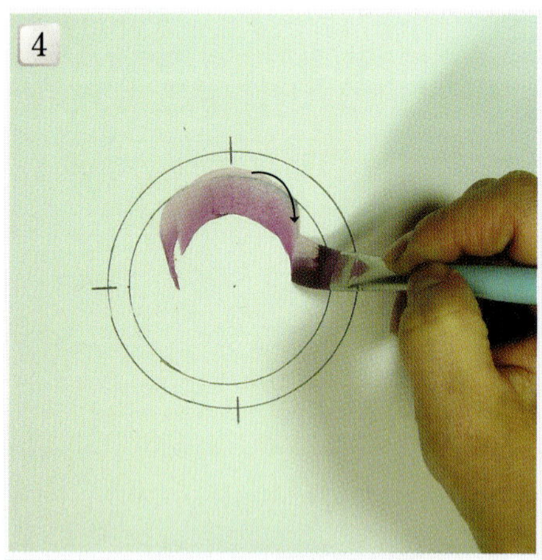

• 붓을 밀듯이 탑부분은 약간 위로 올리면서 선을 내려 긋는다.

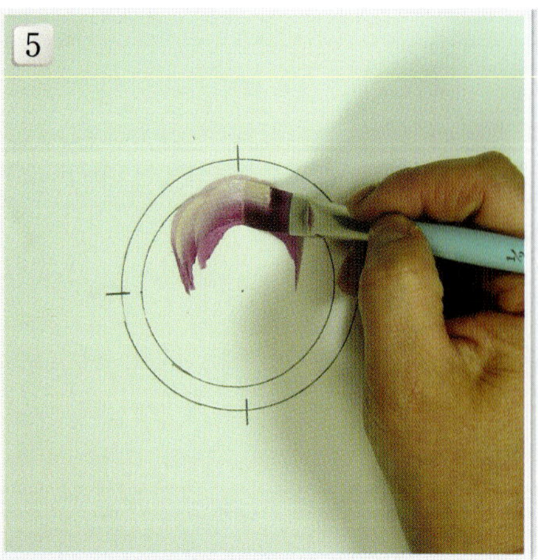

• 3겹 정도가 되도록 안쪽에 같은 방법으로 겹을 만들어 준다.

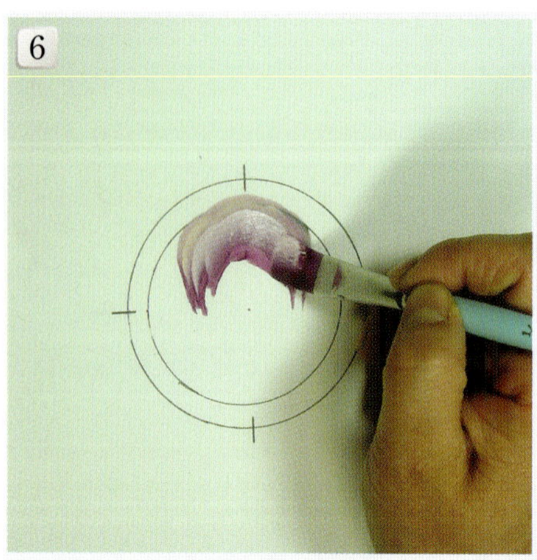

• 안쪽으로 오면서 밝은 색이 되도록 해 준다.

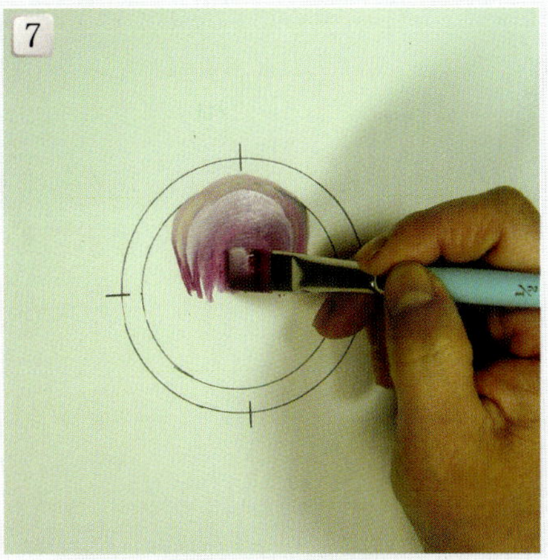

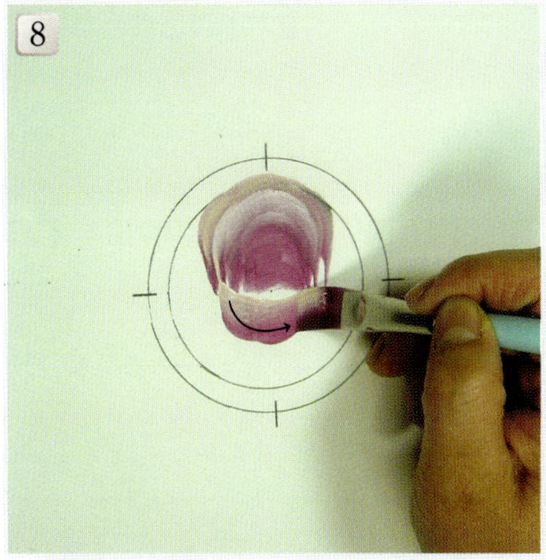

• 윗 겹을 다 만든 후 브랜딩 하며 안쪽에 색을 넣고, 브러쉬에 다시 더블로딩하여 반원을 그리듯 아래 겹을 만들어 준다. 브러쉬를 90도 각도로 세워주고 살짝 아래로 내려 그려주어야 한다.

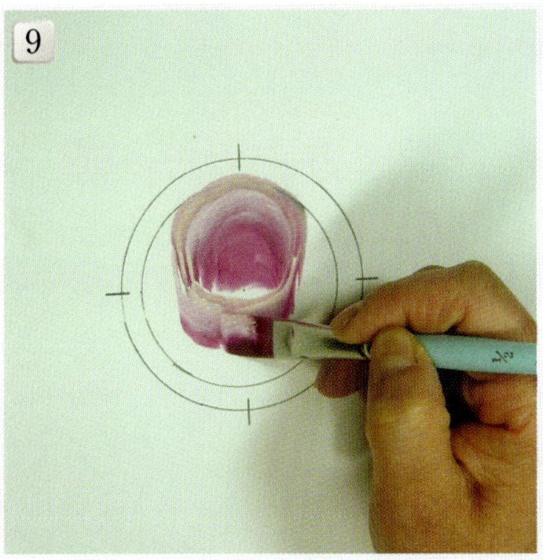

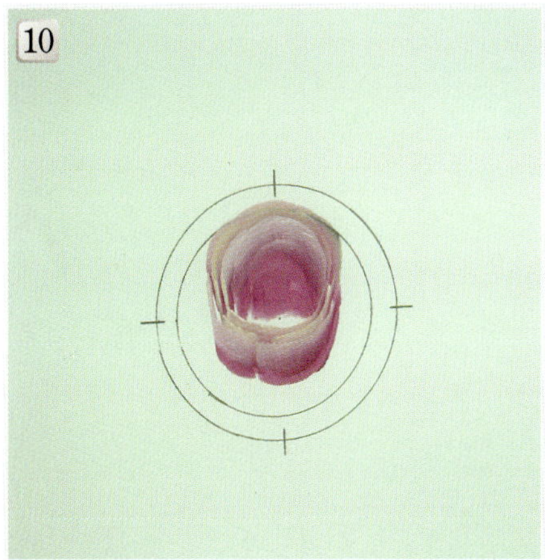

• 장미 봉우리의 윗 겹과 아랫 겹 수가 같도록 원을 연결하듯 그려주면 된다.

(Tip : 봉우리의 아래 꽃잎을 표현 할 때 윗 부분보다 약간 어두운 색이나 BU 등을 믹스해서 더블로딩하여 그리면 더욱 입체감 있는 장미를 그릴수 있다.)

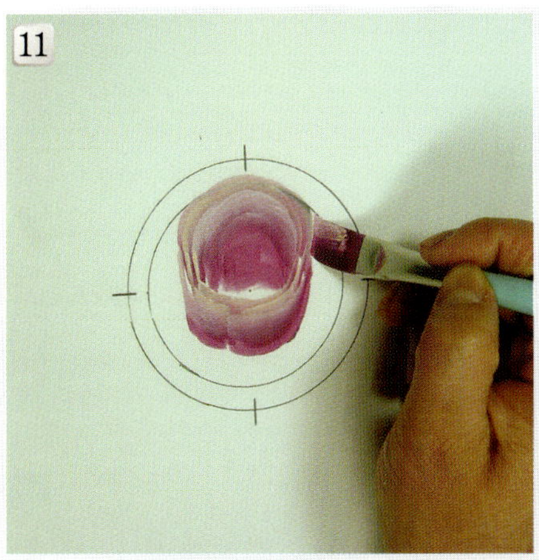

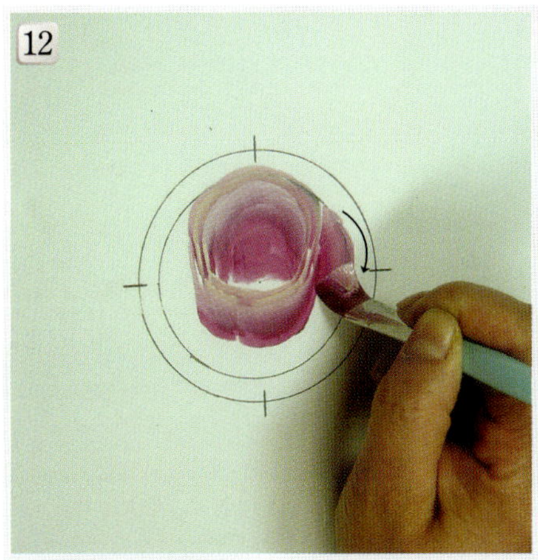

• 장미의 봉우리를 침범하지 않도록 사이드 꽃잎을 달아주어야 한다.
• 브러쉬를 장미 봉우리의 양 사이드에 90도로 세워 아래로 누르며 부채 모양으로 돌린 후

겹장미 그리는 방법

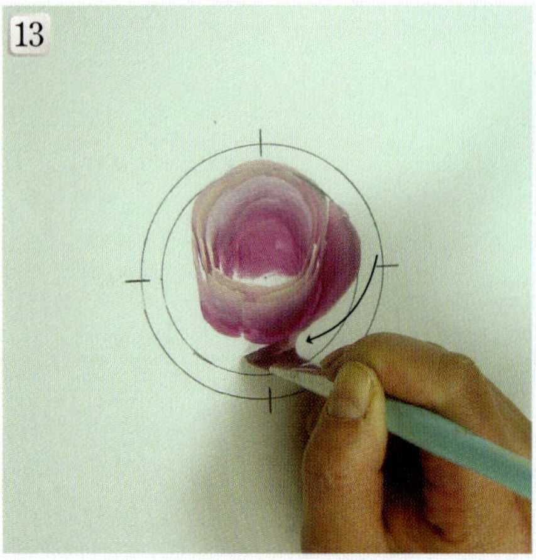

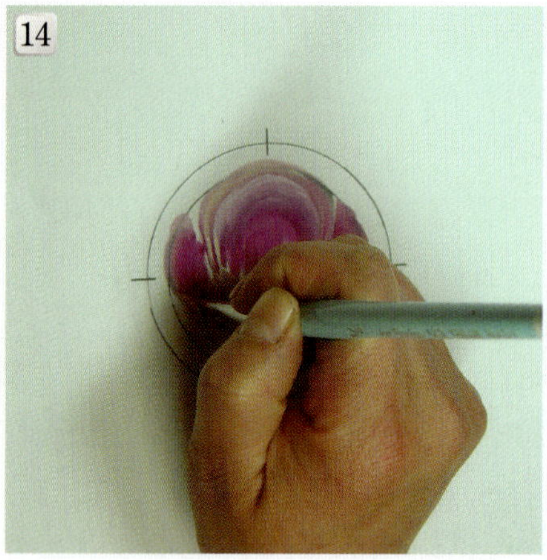

• C자의 모양처럼 브러쉬를 눌렀다 세워주며 장미 봉우리 부분의 아래 부분까지 내려와 준다. 반대쪽도 같은 방법으로 그려준다.

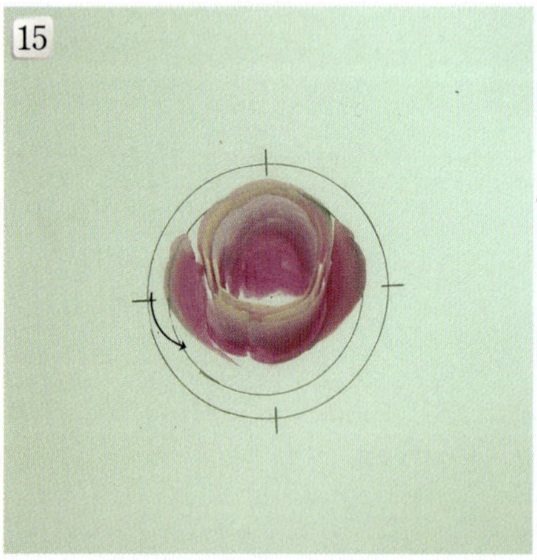

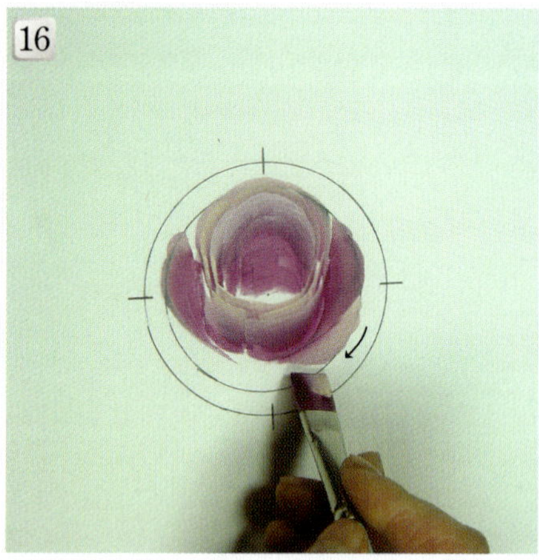

• 이때, 장미의 겹들이 크로스 되도록 스트록을 해준다.

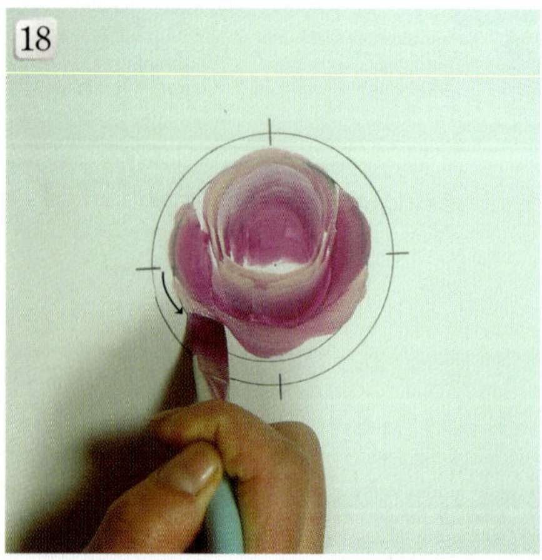

• 봉우리의 양쪽 꽃잎을 달아준 후 브러쉬를 오른쪽 잎사귀에 바짝 대고 눌렀다 살짝 들었다 다시 눌러주는 기교를 부리며 왼쪽 꽃잎이 있는 곳 까지 와 준다.

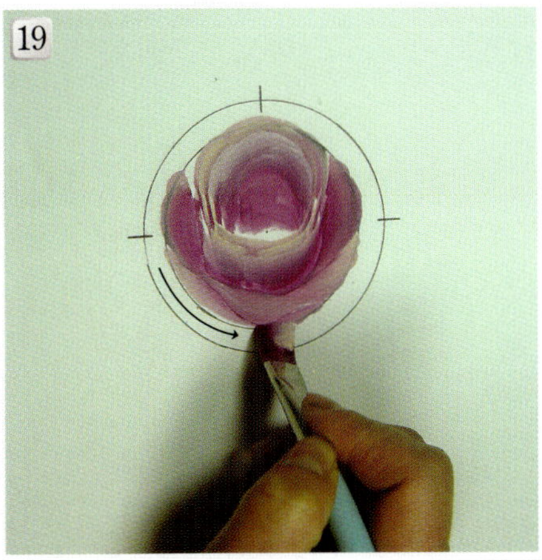

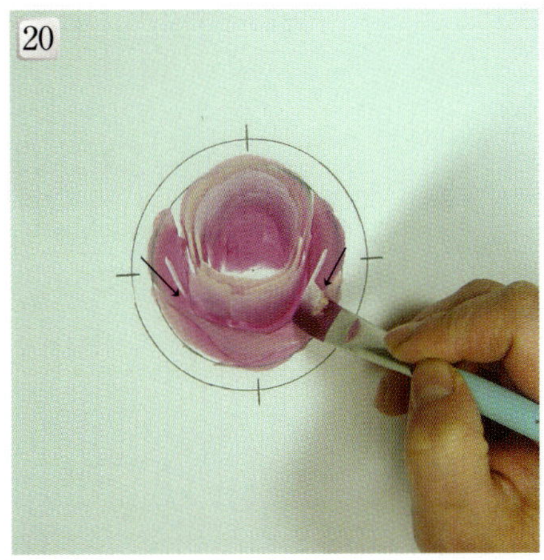

• 반대쪽도 같은 방법으로 하되 조금 더 짧게 표현을 해서 전체적으로 원형을 만들면 된다. 더 겹을 만들어 주려면 대칭되게 자리를 잡아 준 후

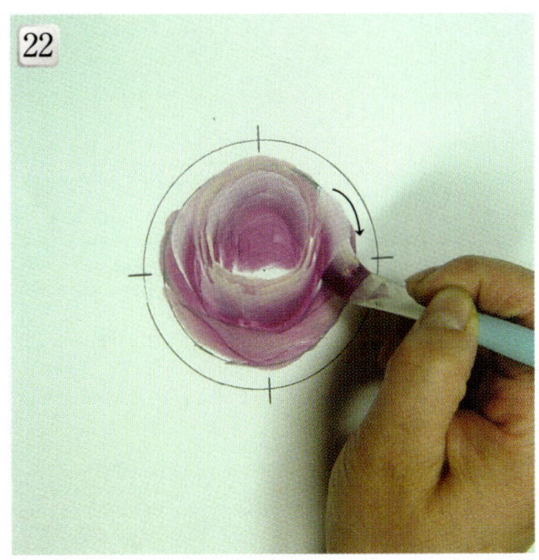

• 봉우리를 침범하지 않도록 조심하면서 9시에서 11시 방향, 반대쪽은 1시 방향에서 3시 방향으로 겹을 만들어 준다.

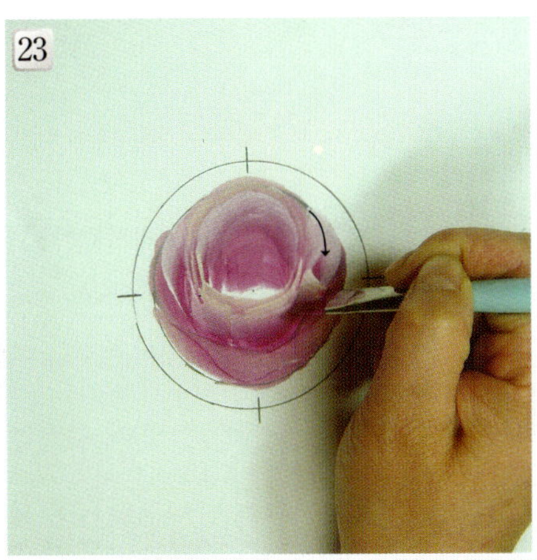

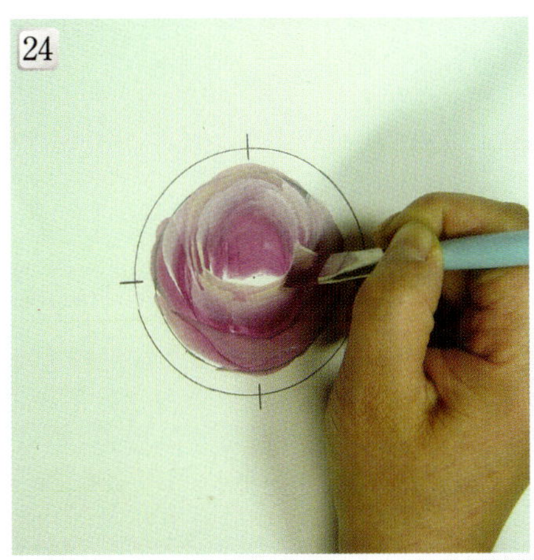

• 새로 만든 겹이 자연스럽게 어우러 질 수 있도록 봉우리 윗 겹을 짧게 다시 터치 해 준다.
(Tip : 장미의 잎사귀를 그리면서 봉우리 보단 좀더 어두운 색을 Mix하여 쓰면 더욱 깊이있는 장미를 그릴수 있다.)

겹장미 그리는 방법

• 장미를 다 그려준 후 장미의 겹쳐진 부분등을 표현해 주기 위해 더블로딩 상태에서 그려진 장미의 모양과 상반되지 않도록 포인트 꽃잎을 그려준다. 봉우리 안쪽에 어두운 색으로 사이드로딩 하여 쉐이딩을 준다.

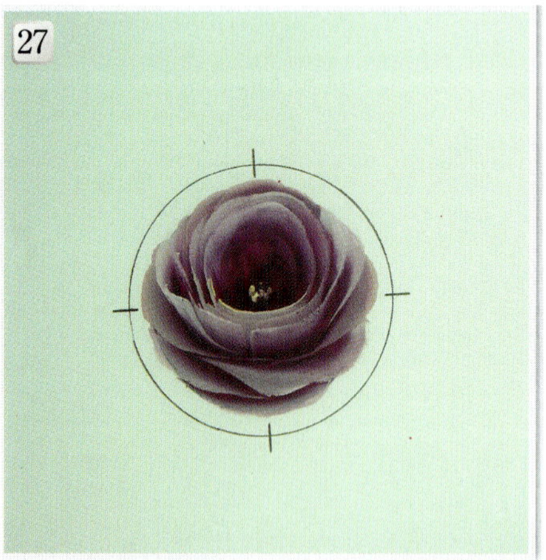

• 브러쉬 끝에 RV을 묻히고 NYH를 약간 묻힌 후 씨를 찍어준다.
(Tip : 라이너브러쉬 보다는 플렛브러쉬의 모서리 부분으로 찍어주면 자연스럽고 예쁜 모양으로 찍혀 나온다.)

잎사귀 그리는 방법

1

2

• NO.6 필벗 브러쉬를 이용하여 HG로 베이스를 칠하고 HG와 BU를 믹스해서 어두운 부분을 세이드한다. (▶ 23페이지 참고)

3

• NYH를 묻혀 잎사귀의 밝은 부분을 스트록 한다.

4

• 아래에서 윗쪽으로 끌어 올려준다.

5

6

• TG+BU를 믹스하여 Flow M. 과 NO.3 컬 브러쉬로 자연스럽게 라인을 그려준다.

수국 그리는 방법

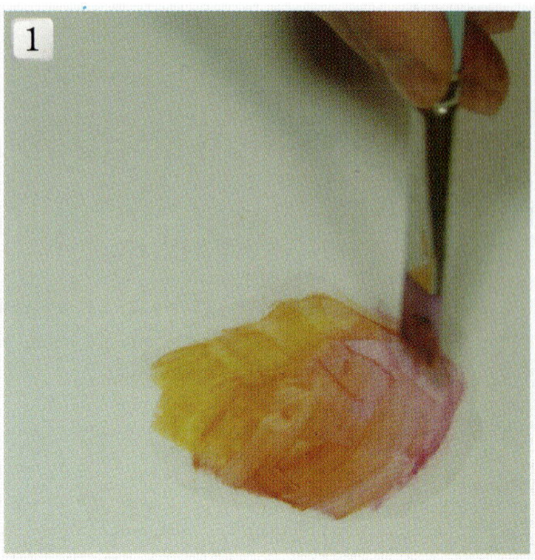

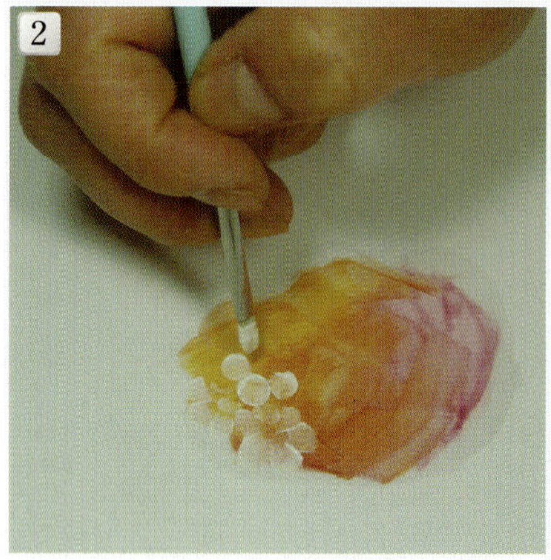

• Retarder를 바른 후 밑색을 플랫 브러쉬를 이용하여 칠한다.

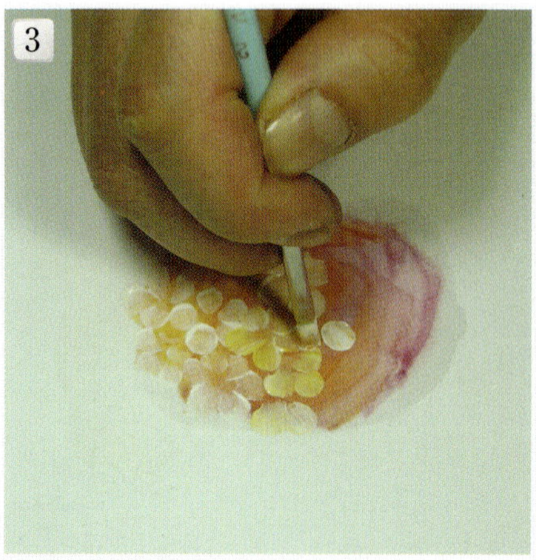

• 색이 믹스 될 수 있도록 필벗 브러쉬에 TW를 묻혀 물감이 마르기 전 꽃의 형태를 잡아 나간다.

• 완성된 수국 모습

(Tip : 오른쪽 사진과 같이 계단식으로 꽃의 형태를 잡으면 안된다. 꽃잎도 너무 길어지지 않도록 해야 예쁜꽃이 된다.)

겹장미 우산꽂이 도안 ①

겹장미 우산꽃이 도안 ②

겹장미 응용

마가렛 꽃 보석함

PALETTE(물감)

Moss Green (MG), Titanium White (TW),
Teal Green (TG), Pine Green (PG), Yellow Light (YL),
Cadium Orange (CO), Carbon Black (CB),
Trans Majenta (TM)

BRUSHES(붓)

바탕 브러쉬, NO.8 필벗 브러쉬, NO.3 퀼 브러쉬,
NO.1/4 플랫브러쉬, NO.3 라운드 브러쉬, 스타일러스

SUPPLIES(기타 준비물)

Clear Glaze Medium, Retarder Medium,
Top Coat(마감제), 랩, 젯소, 사포 #600, 220

PREPARATION(바탕준비)

1. 전체 젯소를 1번 칠한 후 #220번 사포로 문질러 준다.
2. 뚜껑은 MG을 2번 정도 바르고 #600번 사포로 다시 한번 부드럽게 사포한다.
3. TW+Retarder+Clear Glaze M.를 믹스해서 MG 위에 바르고, 마르기 전 랩을 구겨서 찍어 랩핑한다.
4. 아래 함은 TW을 바른 후 #600번 사포로 부드럽게 사포한다.
5. 완전히 건조시킨 후 본을 뜬다.

LEAVES(잎)

1. NO.8 필벗 브러쉬로 PG을 스트록해준다.
2. PG에 TW를 사이드로딩해서 다시 한번 스트록 한다.

FLOWERS(꽃)

1. TM에 TW를 사이드로딩해서 꽃잎의 방향대로 스트록 해준다.
2. 꽃잎의 씨앗 부분은 YL로 칠해주고 CO로 어두운 부분을 쉐이딩 해준다.
3. TM에 TW를 사이드로딩해서 결대로 스트록 해준다. (▶ 23페이지 참고)
4. CB와 TW를 스타일러스를 이용해서 씨앗을 찍어 준다.

FINISHING(마무리)

1. 아래 함은 Clear Glaze M.+MG를 믹스해서 NO.1/4 플랫브러쉬로 투명하게 선을 그어준다.
2. NO.3 라운드 브러쉬에 TG+TM를 믹스해서 선을 긋고 지그재그로 체크선을 넣어준다.
3. 완전히 마른 후에 마감제를 2번 정도 바른다.

마가렛 꽃 보석함 그리는 방법

• 바탕 위에 TW+Retarder+Clear Glaze M.를 믹스해 칠한 후 랩을 구겨 랩핑하는 모습

• 랩핑이 된 사진

• 밑색을 결대로 표현하다.

• 꽃잎과 잎사귀의 어두운 부분을 쉐도우 해준다.

• 잎사귀의 하이라이트 표현

• TM에 TW를 사이드로딩해서 꽃잎을 표현

• 스타일러스나 NO.3 라운드브러쉬를 이용해 씨앗을 찍어준다.(어두운 부분에 씨앗을 더 많이 찍어주면 입체감을 살릴 수 있다.)

• NO.3 퀼브러쉬를 이용해서 라인과 풀을 표현하는 사진

• 클리어 글렌징 M+물감을 Mix해서 힘을 뺀 상태에서 내려긋는다.

• 완성된 모습

마가렛 꽃 보석함 도안 ①

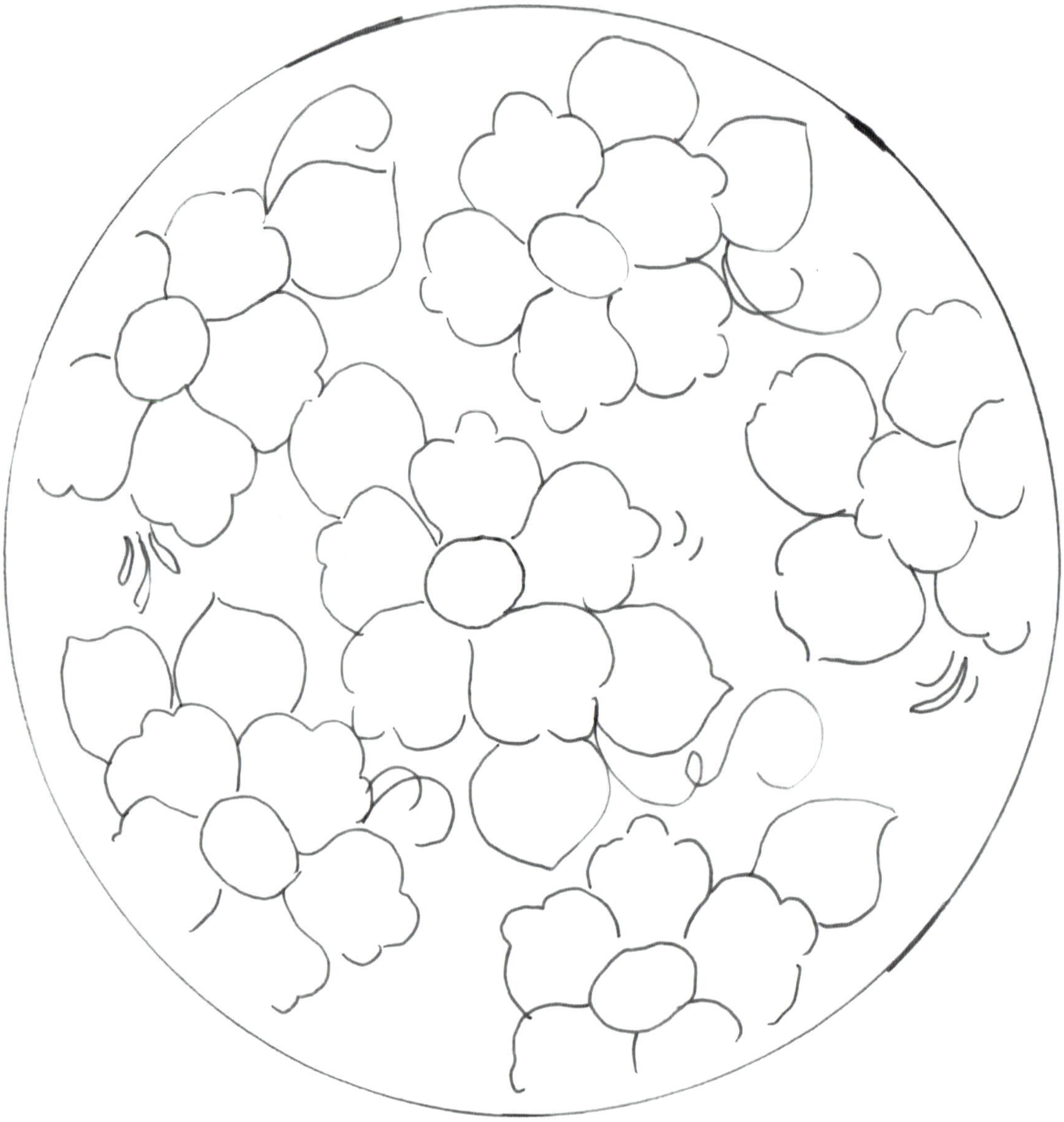

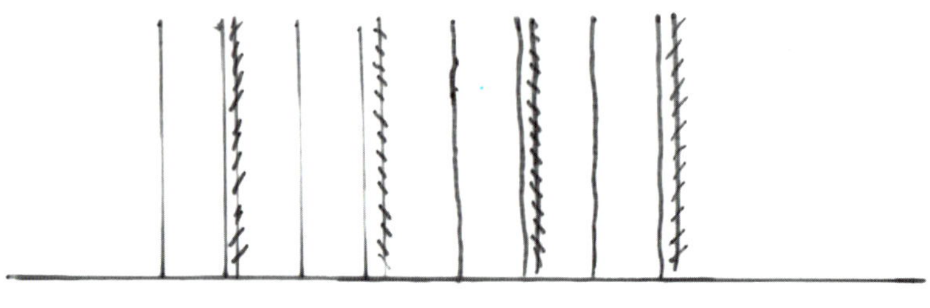

장미 바구니 보석함

PALETTE(물감)

Hookers Green (HG), Titanium White (TW), Celadon,
Sap Green (SG), Norwegian Orange (NO),
Yellow Oxide (YO), Burnt Sienna (BS),
Permanent Alizarine (AIZ)

BRUSHES(붓)

바탕 브러쉬, NO.2, NO.4 필벗 브러쉬, NO.3 퀼 브러쉬,
NO.3 라운드 브러쉬

SUPPLIES(기타 준비물)

Clear Glaze Medium, 먹지(블랙), Top Coat(마감제),
Flow Medium, Gesso, 사포 #600, 220

PREPARATION(바탕준비)

1. 전체 젯소를 1번 칠한 후 #220번 사포로 문질러 준다.
2. 뚜껑은 Celadon과 TW를 믹스해서 칠해주고 함은 Celadon으로 칠해 #600번 사포로 곱게 사포한다.
3. 블랙 먹지를 이용해서 본을 그려준다.

BASKET(바구니)

1. NO.3 라운드 브러쉬로 YO를 Clear Glaze M.과 믹스해서 바구니 모양을 그려준다.
2. 어두운 부분은 BS를 NO.3 라운드 브러쉬에 묻혀 C 스트록 해준다.
3. 반대편에도 같은 브러쉬를 이용해서 YO+TW를 믹스해서 하이라이트를 준다.

LEAVES(잎)

1. NO.4 필벗 브러쉬를 이용해서 Clear Glaze M.T SG를 묻힌 후 HG을 사이드 로딩해서 잎사귀 스트록을 해준다.

ROSE(장미)

1. NO를 NO.2 필벗브러쉬를 이용해서 바탕을 칠한다.
2. 같은 브러쉬에 NO를 묻혀 TW를 사이드로딩해서 장미 스트록을 넣어준다.
3. 어두운 부분은 AIZ으로 쉐도우하고 TW로 씨앗을 그려준다.

FORGET-ME-NOT(물망초)

1. NO.3 라운드 브러쉬로 AIZ에 TW를 Tip 시켜서 물망초를 그려준다.
   이때, 너무 길게 꽃잎이 그려지면 안된다.
2. 씨앗은 TW로 찍어준다.

FINISHING(마무리)

1. 넝쿨과 잎사귀의 라인은 HG+AIZ를 Flow M.과 믹스해서 NO. 3 퀼 브러쉬를 이용해서 넣어준다.
2. 싸인을 넣은 후 완전히 건조시켜 마감제를 발라준다.

장미 바구니 보석함 그리는 방법

1

• 바탕이 된 바구니에 NO.3 라운드브러쉬로 어두운 면을 C스트록하고 반대편에 밝은 면을 해준다.

2

• NO.4 필벗브러쉬에 SG를 묻히고 HG을 사이드로딩해서 잎사귀 스트록하는 모습 (▶ 22페이지 참고)

3

• 장미의 봉우리 윗부분 스트록 모습

4

• 봉우리 아랫부분까지 스트록한 후 옆부터 아랫 꽃잎을 C자 스트록으로 넣어준다.

5

• 완성된 장미

6

• 장미에 포인트 꽃잎을 넣는다.

• 포인트 꽃잎 사진

• 연결사진

• 봉우리 안쪽에 어두운 색상을 사이드로 딩해서 쉐이드한다.

• NO.3 라운드브러쉬로 물망초를 표현해 준다.

장미 바구니 보석함 도안 ①

장미 바구니 응용

라운드 브러쉬 장미

PALETTE(물감)

Gold Oxide (GO), Burnt Sienna (BS), Rose Pink (RP), Raw Sienna (RS), Pine Green (PG), Smoked Pearl (SP), Warm White (WW), Provincial Beige(PB), Titanium White (TW), Plum Pink (PP), Raw Umber (RU), Naphtol Red Light (NRL), Burnt Umber, Yellow Oxide (YO), Jaune Brilliant (JB), Red Violet (RV)

BRUSHES(붓)

바탕 브러쉬, NO. 5, NO. 3 라운드 브러쉬, NO. 6 필벗 브러쉬, NO. 1/2 플랫 브러쉬, 라이너 브러쉬

SUPPLIES(기타 준비물)

#220, #600 사포, Gesso, Top Coat(마감제), 리타더, 화이트 먹지

PREPARATION(바탕준비)

1. Gesso를 전체 칠한다.
2. RP+RU를 믹스해 전체에 바른다.
3. 사포를 한 후 다시 같은 색을 발라준다.
4. 완전히 마른 후 먹지를 대고 디자인을 옮겨준다.

LEAVES(잎)

1. PG를 NO.5 라운드 브러쉬를 이용해 밑색을 칠한다.
2. PG에 WW를 티핑해서 붓을 눌러 부채 모양으로 돌려 한쪽 모양을 만든 후 들어올리며 빼준다.
   이때, 한쪽 잎과 반대쪽 잎이 붙지 않도록 주의한다.
   (라운드 브러쉬 테크닉 참고)
3. 잎 라인은 WW를 NO.3 퀼브러쉬로 넣어준다.

ROSE(장미)

1. NO. 5 라운드 브러쉬로 SP+WW+PB를 믹스한 후에 SP를 더블로딩하여 꽃 형태를 만들며 스트록을 넣는다.
2. PP에 RU를 믹스하여 어두운 쉐이딩을 넣어준다.
3. SP에 WW를 믹스해서 TW를 더블로딩하여 푸싱(밀듯이 스트록 하는 것)하듯 하이라이트를 넣어준다.
4. RP+RS를 믹스하여 NO. 1/2 플랫브러쉬로 쉐이딩을 넣는다.
5. 마지막으로 TW만 사이드로딩 해서 드라이터치 한다.
6. 씨는 NRL와 YO로 찍는다.

RIBBON(리본)

1. RP+RS를 믹스하여 NO. 1/2 플랫브러쉬로 한번에 연결시키며 밑색을 칠한다.
2. NRL+RU를 믹스해서 어두운 부분을 쉐이딩 한다.
3. 하이라이트는 JB를 사이드로딩하여 넣는다.
4. NO. 6 필벗 브러쉬에 JB를 사이드로딩하여 붓을 세워 워싱해서 레이스를 그려준다.

PETALS(작은 5꽃잎)

1. NO. 5호 라운드 브러쉬에 TW를 사이드로딩하여 꽃잎을 표현해준다.
2. 가운데 부분을 NO. 1/2 플랫브러쉬로 RP+RS를 믹스하여 사이드로딩하여 음영을 준다.
3. TW만 사이드로딩해서 꽃잎을 돌려가며 마무리 한다.
4. 씨앗은 BU로 가운데 동그랗게 표현한 후, 그 위에 NO. 6 필벗 브러쉬에 YO를 묻혀 붓을 세워 모서리 부분을 이용해 동그랗게 찍는다. 그 위에 TW로 찍어준다.

HYDRANGEA(수국)

1. 수국이 들어갈 면적에 리타더를 바른다.
2. NRL, RV으로 밑 색을 칠해준 후
3. 마르기 전 NO. 3호 라운드 브러쉬로 TW가 믹스되어 색이 나오도록 꽃을 그려준다.
4. 씨는 YO로 찍는다.
   Tip : 수국을 그릴때 주의 할 점은 계단식으로 쌓듯 하면 안되고 볼륨감 있도록 그려야 한다는 것이다. (▶ 55페이지 참고)

FINISHING(마무리)

1. JB를 NO. 3호 라운드 브러쉬를 이용해 테두리 라인을 긋는다.
2. 마감제를 발라준다.

라운드 브러쉬 장미 그리는 방법

• 본 위에 라운드 브러쉬로 꽃잎 결대로 밑바탕을 스트록 해준다.

• 봉우리 부분은 위에서 가운데 방향으로 쓸어 내리듯 한다.

• 가운데 꽃잎도 같은 방법으로 중심을 향해 쓸어 내린다.

• 완성된 밑 바탕

• 플랫 브러쉬에 사이드 로딩해서 장미의 어두운 부분을 쉐이드한다.

• 라운드 브러쉬 전체에 밑색을 묻힌 후 SP 이 사이드로 딩된 상태로 1번을 스트록 한다.

• 참고 : 위 그림과 같이 묻혀야 한다.

• 2번 스트록 상태

• 3번 스트록

• 같은 방법으로 봉우리 꽃잎을 1개 더 만들어 준다.

• 브러쉬 전체에 물감을 묻혀 브러쉬를 펴준 상태에서 장미의 씨 부분을 향해 드리이히게 쓸어준다.

• 연결사진

라운드 브러쉬 장미 그리는 방법

• 7번과 같은 방법으로 물감을 묻혀주고 봉우리 아래 부분을 감싸준다.

• 화살표의 방향으로 스트록 한 후 브러쉬를 펴서 장미의 중심을 향해 쓸어 내려준다.

• 왼쪽에서 장미의 중심 부분을 향해 내려와 브러쉬를 눌러 방향을 S스트록이 되도록 빼준다. 중심 꽃잎과 겹치지 않도록 주의한다.

• 그 겹의 나머지 부분을 드라이텃치로 쓸어 내린다.

• 왼쪽과 같은 방법으로 오른쪽 꽃잎을 만들어 준다.

• 역시 SP이 사이드로딩 된 상태의 붓으로 S스트록으로 아래 꽃잎을 그린다. 방향이 중심을 향해야 한다.

• 잎사귀 어두운 부분까지 밝게 스트록 해주면 안된다.

• 붓을 돌리는 장면

• 돌린 붓을 중앙을 향해 빼는 장면

• 연결그림

라운드 브러쉬 장미 그리는 방법

• 처음 쉐이딩 한 색보다 조금 더 밝은 색으로 봉우리와 꽃잎 경계선에 쉐이드를 넣어준다.

• Tip : 꽃잎 그리는 요령은, 붓을 가볍게 누르며 돌려 방향을 바꿔 붓을 들어올리며 빼면 되는데, 빼는 방향이 항상 장미의 중심 부분을 향하고 있어야 함을 명심하자.

• 같은 방법으로 TW를 사이드 로딩 하여 하이라이트를 넣어주고 씨앗을 찍어주면 장미가 완성된다.

• 꽃잎이 뒤집힌 모양을 스트록 해준다.

• 포인트 꽃잎 넣는 모습

• 여러 겹의 꽃잎을 더 그려준다.

• 아래 꽃잎을 하이라이트 넣는 모습

• 씨앗 찍기

라운드 브러쉬 장미 잎사귀 그리는 방법

브러쉬 전체에 MG을 묻혀주고 사이드 쪽으로 SP을 사이드 로딩해 브러쉬를 세워 잡은 다음 눌러 돌려서 최대한 편 다음 (부채모양처럼) 제 자리로 돌려 위로 살짝 푸싱하듯 살짝 왔다갔다 한 다음 들어올리며 아래로 곱게 내려주면 된다.

1

2

• 붓을 살짝 끌어내려 눌러 돌리는 장면

3

4

• 붓을 완전히 돌린 후 약간 밀어줘서 잎의 모양이 자연스럽게 만들어 준다.

5

6

• 반대쪽 잎사귀도 같은 방법으로 붙여 그리면 된다. (▸ 24페이지 참고)

7

8

• 스트록이 중앙을 넘어가면 안된다.

9

10

라운드 브러쉬 장미 바구니 도안 ①

라운드 브러쉬 장미 응용

과일 편지함

PALETTE(물감)

Yellow Light (YL), Warm White (WW), Raw Umber (RU), Amethyst, Olive Green (OG), Sapphire, Jade, Raw Sienna (RS), Naphtol Rad Light (TRL), Moss Green (MG), Brown Madder (BM), Pine Green (PG), Purple Madder (PM), Permanent Alizarine(AIZ)

BRUSHES(붓)

바탕 브러쉬, NO.2, NO. 6 필벗 브러쉬, NO.1/2 플랫 브러쉬, NO.3 퀼 브러쉬, 펜 브러쉬

SUPPLIES(기타 준비물)

사포, 젯소, Top Coat (마감제), 먹지(블랙) Retarder Medium, 칫솔

PREPARATION(바탕준비)

1. 젯소를 칠한 후 사포하고 WW로 칠해준다.
2. 펜브러쉬에 RS를 묻혀 가볍게 부분부분 쓸어준다.
3. 건조후 표면에 리타더를 바르고 MG, AIZ, WW를 사용해 은은하게 밑에 RS결이 보여지도록 텃치하여 준다.
4. 칫솔에 MG과 WW로 각각 스파털링 해준다.
5. 본을 그려주고 RS로 딸기와 잎사귀 베이스를 칠해 준다.

LEAVES(잎)

1. OG+PM로 믹스해서 잎사귀의 어두운 부분을 NO.1/2 플랫 브러쉬로 쉐이딩 하여 준다.
2. 밝은 부분은 Jade에 White를 믹스해서 잎사귀 앞쪽을 하이라이트 준다.
3. 건조후 Retarder를 잎사귀 표면에 가볍게 칠해주고 WW와 YL 또는 Jade등을 사용해 브랜딩 하여준다.
4. 잎사귀의 끝부분은 AIZ과 PM로 NO.1/2 플랫 브러쉬를 사용해 쉐이딩 해준다.

STRAWBERRY(딸기)

1. PM와 BM또는 RU를 사용해 어두운 부분을 NO.1/2 플랫 브러쉬로 쉐이딩 해준다.
2. 건조하여 준 후 리타더를 바르고 밝은 부분을 YL, WW, NRL 등을 NO.6 필벗 브러쉬를 사용해 브랜딩 하여 준다.
3. 딸기의 둥근 입체를 표현하기 위해 브러쉬로 브랜딩을 할 때 한 방향으로 터치 하지 말고 좌우 또는 위아래로 터치 하여 하이라이트를 넣어 준다.
4. PM를 NO.2 필벗 브러쉬를 사용해 딸기의 씨 부분을 찍어준다. 그 위에 WW로 다시 한번 찍어준다.
5. 딸기의 가장자리 부분은 하이라이트를 더욱 살려주기 위해 BM를 NO.1/2 플랫 브러쉬에 묻혀 더 어두워 지고자 하는 부분만 쉐이딩 해 준다.

RIBBON(리본)

1. 어두운 부분을 OG를 사용해 NO.1/2 플랫 브러쉬로 리본의 결을 살리기 위해 브러쉬를 약간 좌우로 흔들며 쉐이딩 하여 준다.
2. 밝은 부분은 WW를 사용해 마찬가지로 브로쉬를 좌우로 흔들며 리본의 결을 약간 살려 주며 쉐이딩 해준다.
3. 리본의 밝은 부분과 어두운 부분이 끝나면 BM로 부분 부분 약하게 쉐이딩 해준다.

FINISHING(마무리)

1. Amethyst을 이용해서 딸기나 잎등에 틴트를 넣어준다. (Tint : 부분부분에 색을 텃치하는 방법)
2. 새틴 바니쉬를 두번 정도 발라준다.

과일 편지함 그리는 방법

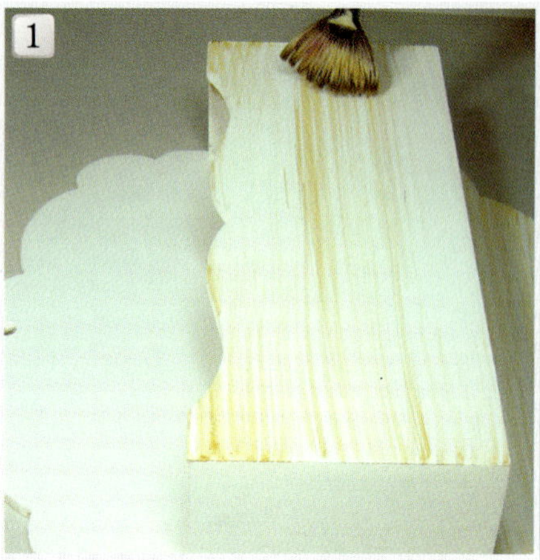

• 펜 브러쉬로 RS를 묻혀 쓸어준다.

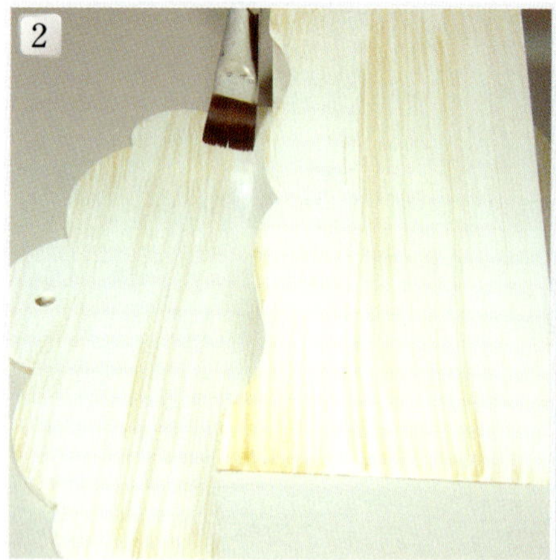

• 바탕브러쉬로 리타더를 바른 후 MG, PA. WW를 브랜딩한다.

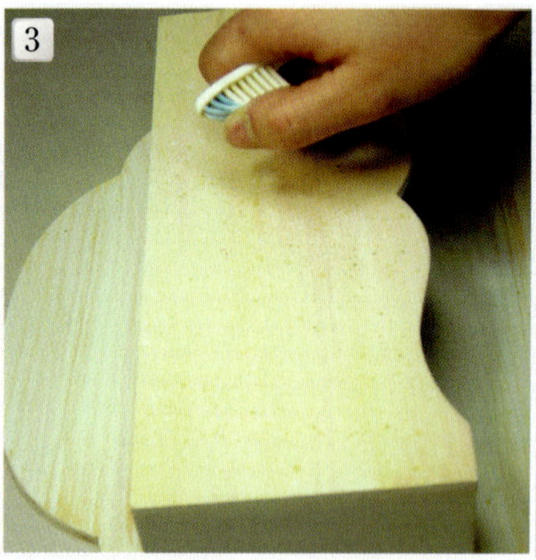

• 칫솔을 사용하여 스파털링을 한다.

• 도안 후 RS로 베이스를 칠한다.

• 어두운 부분들을 쉐이딩한다.

• 밝은 부분들을 표현해 준다.
(Tip : 이때 딸기의 모양이 입체적으로 보일 수 있도록 하이라이트 부분 바로 밑에 어두운 쉐이딩을 해줘야 모양이 다듬어진다.)

• 더 디테일하게 브랜딩한 모습

• 씨앗과 라인넣기

• 확대 모습

• 완성된 모습

과일 편지함 도안 ①

포-피니쉬
FAUX-FINISH

- Raw Sienna 대리석
- Imitation Gold
- Millky Quarz
- Malachite
- D'ecor Crackle
- Creckle Medium

포-피니쉬 (fAUX-FINISH)

• **포피니쉬란?**

모조품(Imitation), 모방이란 뜻을 가진 프랑스 말에서 나온 것으로 환상이나 이상이 아닌 대리석, 원목 나뭇결 등의 질감을 실제와 거의 흡사하게 모방하여 표현하는 페인팅 기법을 말한다. 유럽에선 우드 마블링이라고도 하며 미국에선 프랑스에서 온 것을 의미하는 뜻에서 Faux를 붙여 부른다.

포-피니쉬 따라하기

- RAW SIENNA 대리석
- IMITATION GOLD
- MILLKY QUARZ
- MALACHITE
- DECO CRAKLE MEDIUM을 이용한 기법
- CRAKLE MEDIUM을 이용한 기법

[따라하기 전 알아두어야 할 용어]

• 모털링(mottling)이란?
천을 만두처럼 만들어서 찍는 방법

• 베이닝(veining)이란?
깃털이나 라이너 브러쉬에 물감을 묻혀 선을 그어 가며 갈라진 느낌을 주는 방법

• 스파털링(spattering)이란?
칫솔이나 스텐실 브러쉬 등에 물감을 묻혀 튀기는 방법

[보-너스 용어]

• SPONGE ON(포지티브 기법)
스폰지에 물감에 묻혀 찍어내는 기법

• SPONGE OFF(네가티브 기법)
표면에 칠해진 물감을 스폰지로 찍어내는 기법

• RAG ROLLING ON
천을 이용해서 무늬를 내는 기법

▫ 포피니쉬를 하기 위한 준비물

1. 메틸 알콜
2. Crackle Medium
3. Decor Crackle
4. Retarder Medium
5. 칫솔
6. 깃털

Raw Sienna 대리석

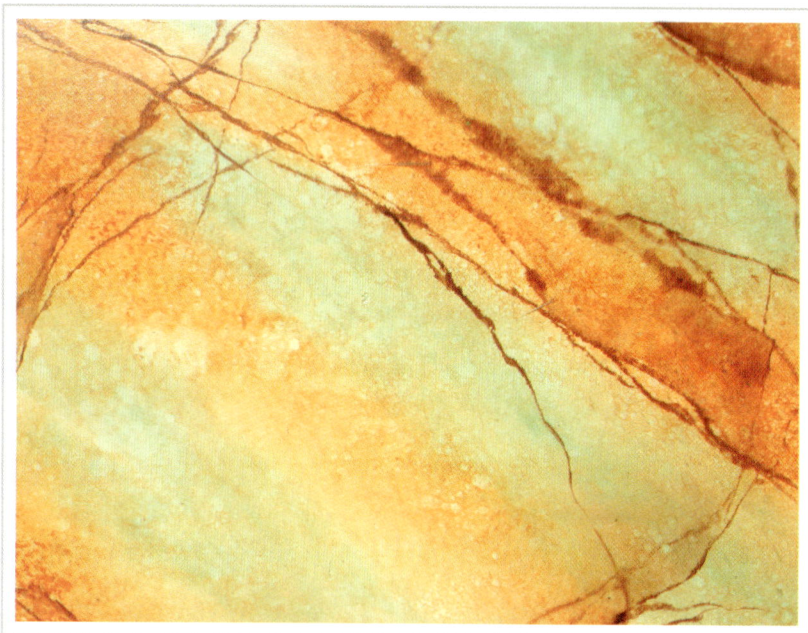

PALETTE(물감)

Raw Sienna(RS), Titanium White(TW)

BRUSHES(붓)

바탕 브러쉬, 부드러운 면, 메틸알콜, 깃털, 칫솔

SUPPLIES(기타 준비물)

사포, 젯소, 마감제, 리타더

PREPARAION(바탕준비)

젯소를 칠한후 220번 사포 하여준다.

• 표면에 리타더를 바르고 RS로 바탕브러쉬를 사용해 지그재그로 텃치 하여 준다. 이때 화이트 부분을 남겨 놓고 RS의 색이 짙고 연하게 표현이 되도록 칠해야 한다.

• 남겨진 화이트 부분과 RS의 색이 잘 조화 되도록 부드러운 천으로 만두 모양으로 잡아준 후 가볍게 모털링 해준다.

Raw Sienna 대리석 그리는 방법

• 깃털에 TW를 묻혀 베이닝 해준다. 베이닝 해줄때 약간 누르고 들기도 하며 대리석의 갈라짐을 표현한다.

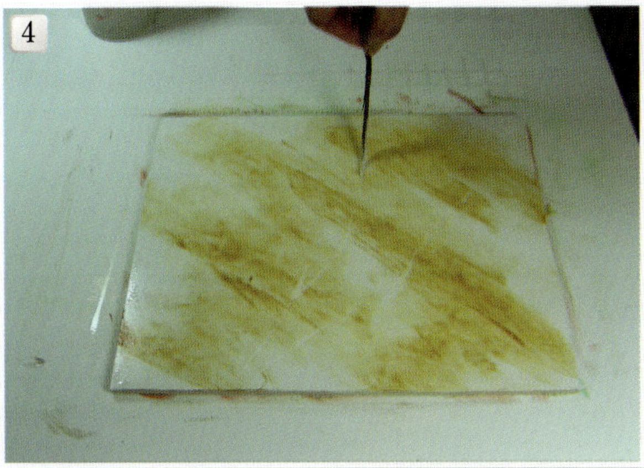

• 이때 너무 직선의 선만을 고집하지 말고 곡선도 함께 그어준다.

• 깃털에 RS의 색을 묻히고 3번과 마찬가지로 베이닝 해준다.

• TW와 RS의 물감을 메틸알콜을 묻힌 칫솔에 각각 묻혀 스파털링 하여 준다.
• Finish : 글로스 또는 매트바니쉬로 마감을 하여준다.

• 참고 : 로씨에나 대리석의 다른 모양
(Tip : 깃털대신 쉐이딩 기법을 이용한 방법)

Imitation Gold

PALETTE(물감)

Brown Madder(BM), Pale Gold(PG), Carbon Black(CB)

BRUSHES(붓)

바탕 브러쉬

SUPPLIES(기타 준비물)

#220 사포, 젯소, 마감제, 휴지, 다용도 실러

PREPARAION(바탕준비)

젯소를 칠한후 #220사포 한다.

• 이미테이션 골드(Imitation Gold)란?

휴지를 사용하여 마치 골드리프를 붙인것 처럼 표현하는 기법으로 붙여진 이름이다. 주로 몰딩부분이나 입체를 필요로 하는 부분등에 사용되며 깨진 가구의 모서리 부분등에도 적용하면 좋다.

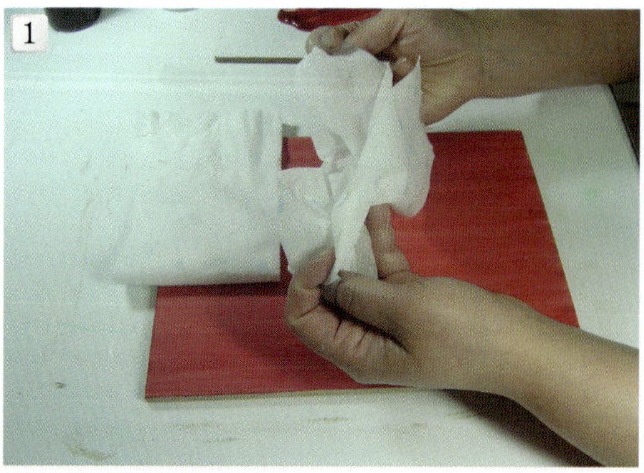

1

• BM로 전체를 칠해준다.

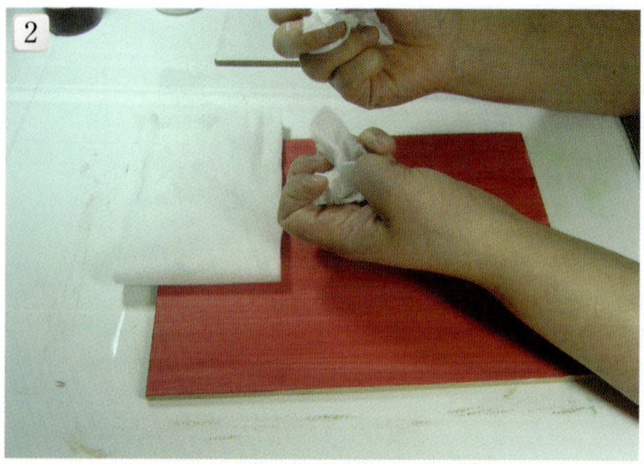

2

• 휴지를 구겨주고 구겨진 휴지를 다용도 실러를 사용하여 붙여준다.

Imitation Gold 그리는 방법

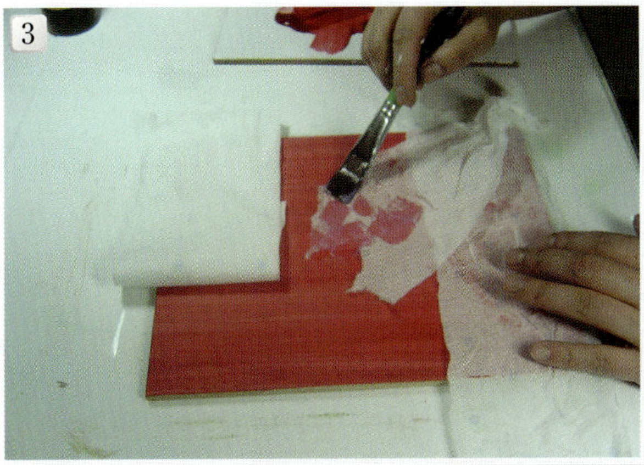

• 이때 휴지가 확실히 붙도록 그위에 실러를 다시 한번 발라 건조시킨다.

• 브러쉬를 사용해 PG를 칠해준다. 물은 되도록 적게 사용하여 드라이 터치 해준다.

• 건조 후 CB로 스파털링 해준다.

• Finish(마무리) : 그로스 바니쉬나 매트 바니쉬를 칠해 준다.

Millky Quarz

• 밀키 컬러티(Millky Quarz)란?
러시아에서 생산되는 돌 이름.

PALETTE(물감)

Norwegian Orange(NO),
Burnt Sienna(BS), Titanium White(TW)

BRUSHES(붓)

바탕 브러쉬

SUPPLIES(기타 준비물)

사포, 젯소, 마감제, 리타더, 부드러운 천 ,깃털, 두꺼운 종이

PREPARAION(바탕준비)

젯소를 칠한후 220번 사포하여 준다.

Millky Quarz 그리는 방법

• 표면에 리타더를 바르고 NG로 칠해준다.

• BS로 색으로 브러쉬를 사용하여 라인을 구불구불 그어준다.

• 두꺼운 종이를 찢어주고 이것을 사용하여 브러쉬가 지나간 자리를 그어준다.

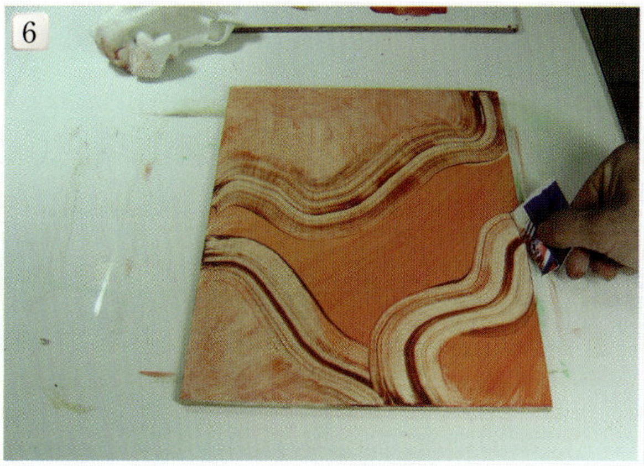

• 천을 만두 모양으로 잡아준 후 아래쪽으로 쓸어내린후 모털링을 해준다.

Millky Quarz 그리는 방법

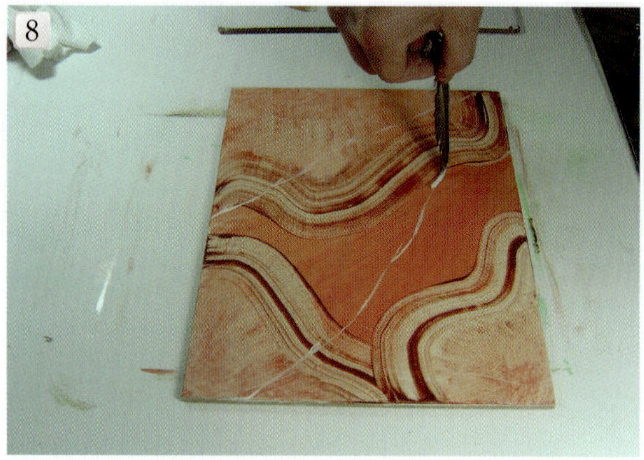

• 깃털에 TW를 묻혀 베이닝 해준다.

• Finish(마무리) : 글로스 또는 매트바니쉬로 마감을 하여준다.

• 완성된 모습

• 밀키 컬러티(Millky Quarz)의 다른 모양

Malachite

PALETTE(물감)

Sap Green(SG), Pthalo Green(PG)

BRUSHES(붓)

바탕 브러쉬, Mop브러쉬

SUPPLIES(기타 준비물)

사포, 젯소, 마감제, 리타더

PREPARAION(바탕준비)

젯소를 칠한후 220번 사포 하여준다.

• 말라키트(Malachite)란?

사전적 의미로는 공작석이란 뜻

• 표면에 리타더를 바르고 SG을 진하고 흐리게 지그재그로 텃치하여 준다.

• PG으로 나머지 부분을 텃치하여 준다. 이때, 밑 바탕 부분이 조금은 남아 있어야 한다.

Malachite 그리는 방법

3

4

• 모프브러쉬로 가볍게 쓸어준다.

5

• 조금 뻣뻣한 종이를 찢어 조개모양을 그리듯 모양을 내준다.

6

7

• 겹쳐서 모양을 만들어 준다.

8

• (Tip : 반드시 가운데에서 바깥 방향으로 모양을 내 주어야 한다.)

• Finish(마무리) : 글로스 또는 매트바니쉬로 마감을 하여준다.

• 말라키트(Malachite)의 변형 모양

D'ecor Crackle

• 데코크렉(D'ecor Crackle)이란?

물감의 수분을 흡수하여 물감의 갈라짐을 유도하는 보조제로 주로 물감과 물감의 사이에 바르고 윗 색이 갈라져 밑 색이 보여 지도록 한다

PALETTE(물감)

Brown Madder(BM) Moss Green(MG)

BRUSHES(붓)

바탕 브러쉬

SUPPLIES(기타 준비물)

사포, 젯소, 마감제, Decor Crackle, 스폰지

PREPARAION(바탕준비)

젯소를 칠한 후 220번 사포 하여 준다.

D'ecor Crackle 그리는 방법

1. BM를 바르고 건조 시킨다.
2. 크렉을 바르고 건조 시킨다.
3. MG을 바르고 자연건조 되도록 둔다.
4. Finish : 글로스 또는 매트 바니쉬로 마감을 하여 준다.

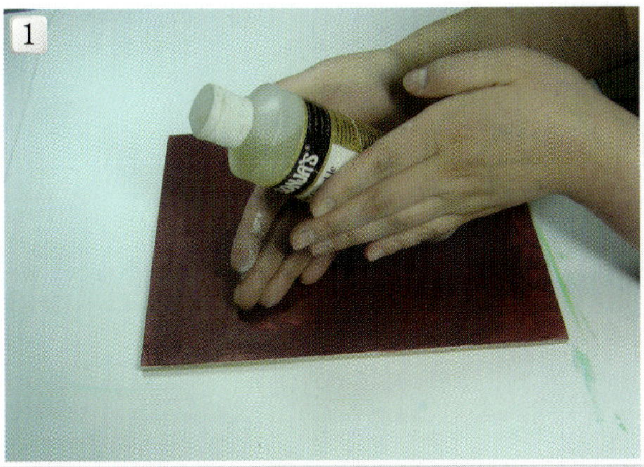

- 크랙을 바를 때 온도가 너무 차가우면 잘 안갈라지므로 손으로 비벼주어 발라주는 것이 좋다.

- 붓질이 여러번 겹쳐지지 않도록 종횡으로 마르기전에 재빠르게 칠해준다.

- 완전히 건조된 후 스폰지에 윗 물감색을 묻혀 꼼꼼하게 눌러준다.

- 열을 가해주면 표면이 갈라지면서 밑색이 보이게 된다.

Creckle Medium

크렉클 미디엄(Creckle Medium)이란?

바르고 나면 마르면서 스스로 갈라지는 보조제다.
주로 낡고 엔틱한 느낌을 주기 위해 사용하고 때론 골드색을 사용해 고급스러운 분위기를 연출하기도 한다.
엔틱한 느낌을 주려면 그림을 완성한 후, 위에 발라 갈라지게 한 후 다른 색을 칠하고 다시 닦아내면 갈라진 틈으로 스며든 색만 남아 엔틱한 표현이 된다.

PALETTE(물감)

Moss Green(MG) Burnt Umber(BU)

BRUSHES(붓)

바탕 브러쉬

SUPPLIES(기타 준비물)

사포, 젯소, 마감제, Creckle Medium, 천

PREPARAION(바탕준비)

젯소를 칠한 후 #220번으로 사포한다

Creckle Medium 표현 방법

1

• MG을 전체 발라준 후+Creckle Medium 을 칠해준다. 건조 되면서 갈라지기 때문에 빠르게 발라주어야 하며 바르고 건조중인 부분에 덧칠을 하면 뭉쳐 안 갈라지므로 조심한다.

2

• 완전히 건조 되도록 말려주고 BU를 브러쉬를 사용해 칠해준다.

3

4

• 물감이 마르기 전 수분이 약간있는 천이나 마른 천을 이용해서 닦아준다.

5

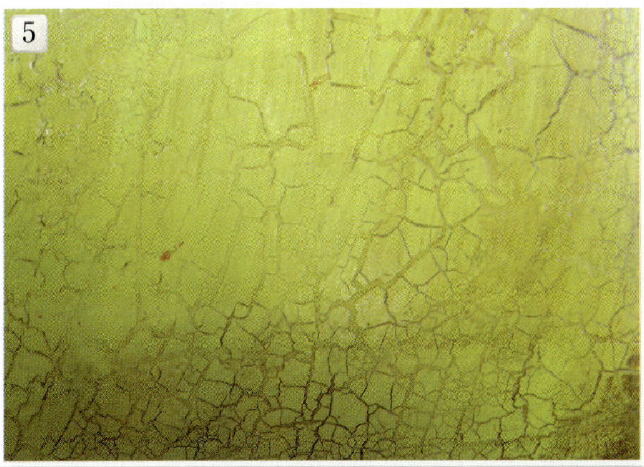

• Finish(마무리) : 글로스 또는 매트 바니쉬로 마감을 하여 준다.

6

• (Tip : 크렉클 미디엄이 잘 갈라지지 않을 때에는 데쿠크렉을 발라주고 그 위에 크레클 미디엄을 발라주어 갈라짐을 유도하기도 한다.)

한미경 作

이정아 作

이정아 作

한미경 作

garden

포크아트 배움터

이정아 포크아트 갤러리	이정아	서울시 서초구 서초동 1328-11 도씨에빛Ⅱ 709호 www.brushro.com	02-581-7750
미르 포크아트	한미경	서울시 성북구 보문동2가 151번지 3층 www.mirfolkartacademy.com	02-953-0826
차민 & 미르 포크아트	차 민	서울시 서초구 서초동 1698-14 아크로빌딩 6층 www.chaminhp.com	02-595-1941
포크아트 하우스	권윤예	서울시 성동구 성수1가 2동 656-1004 3층 www.folkartro.com	02-465-7244
희주 갤러리	송희주	경기도 고양시 정발산동 1274-13 1층 www.hjgallery.co.kr	031-907-9501
김연정 핸드페인팅	김연정	서울시 송파구 풍납동 153-3 201호 www.kyjpainting.com	02-488-0796
한국 문화센터 (평촌)	공선경	안양시 동안구 호계동 1046-8 청구랜드4층 "한국문화센터 평촌지부"	011-9761-1519
풀잎 문화센터 (의정부)	신보경	의정부시 의정부3동 132-29 우성빌딩 5층 "풀잎문화센터 의정부지부"	010-7288-1651
한국 문화센터 (천호)	황수기	서울시 강동구 성내동 41-5 "한국문화센터 천호지부"	011-208-9377
박선숙 포크아트 갤러리	박선숙	서울시 서초구 방배동 424-8	02-586-6943

이혜란	서울시 성북구 보문동 2가 151번지 3층 *"미르포크아트 실장"*	010-3035-3698
임증연	서울시 송파구 잠실동 202 매은빌딩 4층 *"한국문화센터 잠실지부 원장"*	011-237-2956
전은영	서울 구로구 구로3동 1125-10 상지빌딩 404호 *"풀잎문화센터 구로지부"*	011-223-2066
이은경	서울시 중구 신당3동 368-96 3층 *"풀잎문화센터 약수지부"*	011-226-0039
최보람	서울시 양천구 신정3동 1190-5 3층 *"한국문화센터 강서지부"*	016-9299-4363
이윤아	서울시 성북구 삼선4동 351-3 3층 *"한국문화센터 성북삼선지부"* http://www.folkartshop.co.kr	019-665-5687
김경화	서울 노원구 상계10동 693-4 동익빌딩7층 *"풀잎문화센터 노원지부"*	017-610-4230
유윤정	서울시 광진구 노유동 1-1 삼영빌딩 3층 *"풀잎문화센터 건대지부"*	016-733-7527

PROFILE **한미경**

- 1994 풀잎문화센터 스텐실 강사 겸 포크아트 초대회장 역임
- 1996~2001 호주 워크샵 참가
- 1997~2004 한국포크아트 갤러리 협회 전국 순회전 참가
- 1999~2005 한국 포크아트 갤러리 협회 지회장 역임
- 2001 홈페이지 오픈 (www.mirfolkartacademy.com)
  대만 '데이빗 존슨' 특강 참가
- 2002 칼-헤인즈 '포-피니쉬' 특강 참가
- 2005 현대백화점 부천 중동점 포크아트/포세린 전 참가
  "재미있는 핸드페인팅 30인전" 공동 출간
- 2005~2006 (사)한국 수공예 협회 수공예 박람회(KOEX) 출품
- 2006~현재 (사)한국 포크아트 매니아 협회 현 회장
  (사)한국 수공예 협회 포크아트 독립분과 현 회장
  차민&미르포크아트 프랜차이즈 공동대표
  미르포크아트아카데미 운영

PROFILE **이정아**

- 1997년 스텐실 자격증 취득
- 1998년 포크아트 스텐실 문화센터 강사활동
- 2004년 이정아 포크아트 학원 오픈
- 2004년 10월 포크아트 매니아 협회 지부장 취임
- 2005년 2월 연극 "엄마의 계절" 무대 소품 참여
- 2005년 6월 주니어 JOB가이드 게재
- 2005년 11월 모닝 와이드 출연
- 2005년 11월 포크아트 30인전 출판
- 2005년 12월 서초 케이블 포크아트 소개 출연
- 2006년 4월 무한지대큐 포크아트 달인 출연
- 2007년 4월 영화 "헨젤과 그레텔" 소품제작 참여중
- 2007년 현재 이정아 포크아트 원장
- 공예쇼핑몰 www.brushro.com 운영

판	권
소	유

포크아트 이야기 I

2007년 4월 2일 초판인쇄
2007년 4월 5일 초판발행

지은이 : 한미경 & 이정아
본문편집 : 이명숙
펴낸이 : 이무형
펴낸곳 : 태학원

주소 ; 서울시 마포구 신수동 88-13호
등록 : 제 10-193호(1988년 1월 25일)
전화 : 02-719-6680, 02-715-3554
팩스 : 02-719-6681

가격 : 25,000원

ISBN : 978-89-86016-64-2 13630